THÉOPHILE

OU

LE VRAI CHRÉTIEN

Abbeville. — Imp. T. Jeunet, rue Saint-Gilles, 106.

THÉOPHILE

OU

LE VRAI CHRÉTIEN

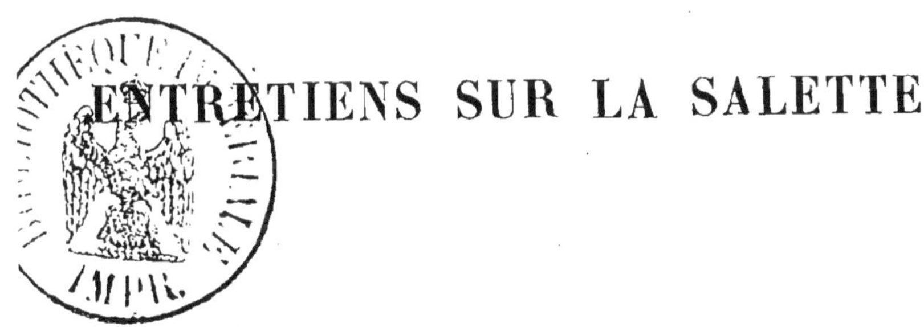

ENTRETIENS SUR LA SALETTE

PARIS

GRASSART, LIBRAIRE-ÉDITEUR

3, RUE DE LA PAIX, ET RUE SAINT-ARNAUD, 4.

LYON

DENIS, LIBRAIRE

18, rue Neuve.

GENÈVE

E. BEROUD, LIBRAIRE

Rue de la Cité.

1856

CHER LECTEUR,

Je vais te dire en peu de mots comment Théophile avait été initié à la science exacte de la Religion et avait été amené à partager avec son bon curé le soin de communiquer aux habitants de son village, dans des entretiens familiers, l'instruction qu'il avait puisée à deux sources très-pures : — les leçons de maîtres habiles, la lecture assidue d'ouvrages sérieux. — En parcourant ces lignes, qui retracent son langage à la fois clair et simple, tu comprendras pourquoi son village ne compte plus aujourd'hui un seul badaud, chose très-rare à la campagne, qui croie encore aux revenants, aux farfadets et aux sorciers ; qui ait ajouté au symbole de ses croyances un article pour la Salette, ce miracle auquel on a voulu donner tant de retentissement, qui eût fait la honte des siècles les plus barbares et qui doit faire le désespoir de tous les spéculateurs de la Bourse, tant il dépasse les succès de leurs jeux industriels ! Tu auras enfin autant de plaisir à lire ce petit livre que j'en ai eu à l'écrire, et c'est ce que je souhaite pour toi, pour la religion, pour Dieu... Adieu.

Ton ami : Pierre FRINCKMAN.

CHAPITRE PREMIER.

Théophile. — Son éducation. — Sa vocation première. — Illusion de ses parents, déception. — Une deuxième vocation. — Sa retraite au foyer paternel.

Théophile était né de parents vertueux qui le destinèrent à l'état ecclésiastique et le placèrent, pour. faire son éducation, dans le premier collége de la province. Doué d'une intelligence rare, pourvu d'un jugement très-sain, Théophile fit des progrès rapides, et les vacances le ramenèrent chaque année au village, la tête ornée de couronnes qui attestaient ses succès et sa supériorité sur tous ses condisciples. Son vieux père, sa mère, chrétienne des temps antiques, étaient fiers de leur fils, et bientôt ils rêvèrent pour lui, illusion bien pardonnable ! un avenir de gloire et de grandeur.

Ils voulurent que Théophile pût maîtriser la fortune; dans ce but, ils confièrent à une corporation célèbre le soin de perfectionner son éducation. Sous la direction de maîtres versés dans les hautes sciences théologiques, le jeune néophyte brilla entre tous ses camarades, et le conseil de l'Institut résolut de l'agréger à son ordre.

Toutes les démarches furent tentées, tous les moyens de séduction furent employés, mais au lieu d'attirer Théophile, ils l'éloignèrent instinctivement ; heureux de répondre à une vocation véritable, il répugnait à la seule pensée de se prêter à une combinaison tout humaine.

Cette répugnance décida de son avenir ; au lieu de la carrière ecclésiastique il embrassa la carrière de l'enseignement, la parcourut en captivant l'estime de ses collègues, l'affection et l'admiration de ses élèves. Il jouissait, depuis longues années, d'un bonheur sans mélange qu'il n'hésita pas à sacrifier pour obéir à un devoir sacré.

Son père, accablé par l'âge, était miné depuis quelque temps par une fièvre lente et s'avançait chaque jour vers la tombe. Théophile voulut, par sa présence, adoucir ses derniers instants, et après lui avoir fermé les yeux, il se fixa auprès de sa vieille mère qui n'avait jamais connu que son village, qui serait morte de chagrin si elle avait été condamnée à le quitter, qui n'avait plus au monde qu'un être sur lequel se concentrait sa vie entière, son cher Théophile.

Les jours de Théophile s'écoulaient calmes et paisibles dans la retraite où, comme le sage, il vivait au milieu de ses livres et heureux du bonheur qu'il procurait à sa mère. Il était aimé de tous les habitants de son village dont il était le conseil et en quelque sorte le guide ; une circonstance imprévue l'engagea à ouvrir, dans leur intérêt, une chaire d'instruction religieuse.

La paroisse était dirigée par un curé qui descendait en droite ligne du bon homme Job, il était un modèle de vertus, mais il était aussi le type de la simplicité, et il crut faire une chose extrêmement agréable à Dieu en prêchant et en reprêchant à son troupeau le miracle de la Salette dont on parlait de çà, de là, partout.

L'apparition de la sainte Vierge en corps et en âme à deux petits pâtres de cette montagne du département de l'Isère avait tourné la tête à tous les habitants du village ;

Ils ne parlaient que de la Salette et de la sainte Vierge, ils ne priaient qu'au nom de la Salette et de la Vierge blanche, ils lui confiaient leurs récoltes et leurs maisons, leurs troupeaux et leurs familles, et quand ils l'avaient invoquée, quand ils avaient bu quelques gouttes de l'eau de cette montagne privilégiée, ils ne craignaient ni les maladies pour leurs familles, ni la grêle ou la sécheresse pour leurs récoltes, ni la mortalité pour leurs bestiaux; la sainte Vierge était descendue du ciel pour les préserver de tous ces dangers, c'était là leur foi profonde, et ils la proclamaient hautement sur la parole de leur curé, qu'ils aimaient et qu'ils vénéraient.

Théophile aussi aimait et vénérait son curé, mais il gémissait de toutes ces exagérations qui contristaient le cœur de ce vieillard. A son invitation, il réunit chaque dimanche, sur une prairie contiguë à son habitation, les villageois désireux de connaître, par quelques entretiens familiers, les règles de la foi catholique et les moyens infaillibles de ne jamais confondre l'erreur et la vérité.

Les premiers entretiens étonnèrent, firent du bruit dans le village; bientôt toutes les familles voulurent être de la partie, les réunions devinrent générales et l'empressement alla croissant comme l'intérêt que Théophile sut commander par le choix de ses sujets et par son langage, qu'il mettait à la portée de tous.

Plus d'une fois son curé était venu encourager ces réunions par sa présence; il finit par céder à l'attrait général et devenir aussi assidu que ses paroissiens. Lorsque les entretiens relatifs aux faux miracles furent terminés, lorsque le miracle de la Salette, première cause de ces réunions, fut classé par la rigueur des principes et par la rigueur des faits, à la tête des miracles les plus faux, les plus déplorables qui pussent tenter de se produire, le bon curé, sous les yeux de ses villageois, vint serrer son ami dans ses bras, et, le remerciant avec effusion, lui dit ces paroles bien simples : « Merci mille fois, mon cher » paroissien ! merci pour moi ! merci pour tous ! La piété » éclairée est la plus agréable à Dieu, c'est la seule que » je veux pratiquer et enseigner ; ne pensons plus, les » uns ni les autres, à ce malheureux miracle de la Sa- » lette, prions Dieu pour ceux qui le font intervenir, au » gré de leur caprice, dans le but de se procurer de l'or, » et dédommageons-le, par la pureté de notre foi, de » l'insulte que ces hommes imprudents lui infligent et à » laquelle, sans le vouloir, j'ai failli associer mes bons » paroissiens. Dieu vous récompensera, comme vous le » méritez, du bien que vous nous avez fait ; en atten- » dant, vous trouverez une première récompense dans » notre affection et notre docilité à suivre les règles, si » pleines de sagesse, que vous nous avez rappelées. »

Accoutumés à vénérer le pasteur qui les avait vus naître, qui les aimait comme un père aime ses enfants, les villageois, émerveillés de ce langage, s'étaient épris d'admiration pour Théophile ; ils croyaient à sa parole comme à une parole de l'Evangile, et dans sa modeste retraite Théophile était heureux, il faisait l'œuvre de Dieu, le bonheur de ses voisins ; il accomplissait la mission d'un apôtre.

C'est à rappeler ses entretiens sur le faux miracle de la Salette, que je viens consacrer ces pages ; puissent-elles, dans leur simplicité, continuer et étendre l'œuvre de Théophile, éclairer les ignorants, réformer les fanatiques en les convainquant que la pire des impiétés est de simuler un miracle et de l'imposer par des mensonges calculés, dans le but de se procurer de l'argent !

CHAPITRE II.

Théophile rappelle en peu de mots les règles à l'aide desquelles on ne peut jamais confondre la vérité avec l'erreur.

Mes amis, dit Théophile à ses auditeurs, je n'ai point reçu de Dieu, comme notre vénérable curé, la mission de vous instruire ; je n'ai pas, dès lors, comme lui, le droit d'être cru sur parole. En me prêtant à des entretiens qui doivent être utiles à tous, et à moi comme à vous, je sollicite une chose que vous ne pouvez pas me refuser, c'est de me demander sur-le-champ l'explication de ce que vous ne comprendriez pas et de me faire, avant de nous séparer, vos observations sur l'entretien de chaque dimanche. L'instituteur du village s'est dévoué à sa profession par amour pour l'enfance, car l'instruction solide qu'il avait reçue lui a permis de parcourir, plusieurs années, une carrière très-libérale ; il est votre vieil ami, il vous a tous élevés, il apprécie la portée de votre intelligence, il déférera à ma prière dans l'intérêt de tous ; par ce moyen, nous préviendrons toute confusion et nous nous instruirons sérieusement.

La vérité est une, comme Dieu est un, elle découle tout entière de l'Evangile ou d'une tradition qui remonte jusqu'aux apôtres. Dans le premier cas, les évêques interprètent le sens exact des paroles de l'Evangile, leur droit et leur pouvoir ne va pas au-delà : dans le deuxième cas, ils constatent que leur décision porte sur un point qui a été cru *toujours*, *partout*, et *par tous*. Leur mission se borne encore à cela, et sous la protection de ces règles, jamais il ne peut se glisser la moindre erreur sur les points de foi.

A côté de ces points de foi existent des faits qui se lient plus ou moins étroitement à la foi et qui émanent de Dieu. Les évêques ont bien le pouvoir de statuer sur les faits, mais leur pouvoir est limité par des règles strictement obligatoires pour eux, et conçues dans un esprit de sagesse qui rend toute erreur impossible.

Un fait décidé par un évêque qui a accompli toutes ces règles, constitue une croyance pieuse ; rien de plus. Il ne peut jamais être assimilé à un point de foi.

Un fait décidé par un évêque qui aurait négligé l'accomplissement de ces règles n'a pas même le droit de constituer une croyance pieuse, il remonte bien à l'évêque, mais en dehors des lois que l'Eglise lui a assignées, et dès lors il est l'expression d'une opinion individuelle ; il n'est rien de plus.

Appelés à examiner un fait qui n'est pas un point de foi, résumons brièvement ces règles qui font toute la force d'une décision épiscopale.

1° Dès qu'un fait extraordinaire, miraculeux, survient dans un diocèse quelconque, s'il est acclamé par tout le monde, il suffit à l'évêque de consulter des théologiens et des personnes pieuses, et si ce fait ne constitue rien de nouveau ou d'inusité jusque-là dans l'Eglise, l'évêque a le droit de le reconnaître publiquement.

Cela se conçoit aisément. Lorsque tout le monde croit au prodige, lorsque des théologiens ont examiné, discuté et reconnu la voix du ciel, il est moralement impossible qu'il y ait erreur dans une décision conforme à l'opinion de tous.

2° Si ce fait soulève quelque doute, si une question grave se présente, l'évêque n'a pas le droit de terminer la controverse avant d'avoir saisi le métropolitain et ses comprovinciaux et d'avoir connu leur sentence émise en concile provincial.

Cette précaution se conçoit encore. Un concile provincial compte plusieurs évêques, de nombreux théologiens, tous désintéressés dans une question qui ne tient pas à leur localité, tous intéressés à faire trompher la vérité et la cause de la religion. Leur indépendance, leur science, leur responsabilité devant Dieu et devant l'Eglise sont une garantie qu'ils ne donneront pas les mains à l'erreur et que leur décision exprimera la vérité.

3° Alors même que ces deux formes préalables ont été observées, que le concile provincial a été consulté, si le fait en discussion présente quelque chose de nouveau ou d'inusité jusque-là dans l'Eglise, l'évêque n'a pas le droit de porter sa décision sans avoir consulté le souverain pontife.

Comment, avec toutes ces précautions, l'erreur pourrait-elle se glisser? Quel fait humain, accepté par l'opinion publique, a jamais été abrité derrière des garanties aussi sérieuses? assurément aucun, et remarquez la haute sagesse de l'Eglise. — Elle n'impose pas l'obligation de croire le fait sur lequel un évêque a statué après avoir consulté le métropolitain en concile provincial, après en avoir référé au pape. — Elle indique que ce fait a droit, mais droit gracieux à une croyance pieuse. — De telle sorte que celui qui se refuserait à le croire, agirait avec témérité, car il violerait les règles du témoignage humain, mais il ne serait pas coupable dans le for de la conscience.

Il était impossible d'apporter plus de sagesse et de modération dans l'exercice d'un droit, et comme il importait à l'Eglise entière, évêques, prêtres, fidèles, d'être exactement renseignés sur ce point, le concile de Trente a résumé ces règles dans sa session xxve, il en a fait une loi pour tous et plus spécialement pour les évêques, car si jamais, à aucune époque, l'un d'eux prenait fantaisie d'agir en dehors de ces règles, de procéder sans le concours du métropolitain et du concile provincial en cas de doute, de statuer sans avoir consulté le pape par un exposé droit, véridique, honnête de la nouveauté qu'il aspirerait à introduire, cet évêque se placerait par le fait hors l'Eglise, et il aurait d'autant moins le droit de requérir obéissance et soumission ; que lui-même donnerait l'exemple de l'insubordination et de la révolte contre une autorité supérieure à la sienne.

Il est inutile d'ajouter que dans un cas semblable il ne pourrait pas y avoir vertu à s'incliner devant la volonté *déréglée* d'un évêque, car s'il en était autrement, les règles rappelées par le concile de Trente dans le but d'astreindre à une unité de direction, seraient illusoires, et chaque évêque ayant le droit d'agir à son gré, de faire appel aux sentiments vertueux de ses diocésains pour l'acceptation de sa volonté particulière, isolée, il y aurait autant de croyances que de diocèses différents, et l'unité qui en résulterait serait comme l'habit d'un arlequin, composée de pièces et de morceaux de toutes les formes et de toutes les couleurs.

L'instituteur. — Je crois avoir parfaitement saisi l'exposé que vous venez de nous faire.

Tous les points de foi reposent sur l'Evangile ou sur une tradition qui remonte aux apôtres. — Ces points seuls, dès qu'ils sont définis, doivent être acceptés par les catholiques, sans exception et sans réserve.

Les faits qui arrivent dans le temps, une apparition, une guérison miraculeuse, etc., peuvent être reconnus par les évêques, mais dans les conditions suivantes :

S'il y a acclamation universelle, sans contestation de la part de qui que ce soit, et qu'il ne s'agisse pas de quelque chose d'inusité dans l'Eglise, l'évêque a le droit de proclamer par lui-même.

S'il y a doute, il est obligé de consulter le métropolitain en concile provincial, et il doit attendre sa sentence.

S'il s'agit de quelque chose de nouveau ou d'inusité, il est obligé d'en référer au pape.

Toutes ces formalités remplies, la décision rendue n'impose jamais une croyance obligatoire, elle a droit seulement à une croyance pieuse qui peut être refusée sans qu'on soit coupable dans le for de la conscience.

L'omission de ces formalités prive l'évêque du droit de porter une décision, et s'il le fait, on peut se refuser à l'admettre, à moins toutefois qu'on ne soit un ignorant ou qu'on ne veuille flatter l'amour-propre du prélat qui met sa volonté au-dessus des règles, son autorité au-dessus de celle de l'Eglise.

Théophile. — C'est parfaitement cela, retenez-le bien. Les entretiens suivants ne présenteront pas l'aridité de celui-ci, et nous les suivrons tous avec beaucoup d'intérêt.

CHAPITRE III.

Théophile signale le droit imprescriptible de se livrer à l'étude d'un fait présenté comme miraculeux. — Il rend hommage à l'indépendance méritoire de quiconque se livre à cette étude. — Il commence l'histoire de Mlle Lamerlière, véritable héroïne de la Salette, en remontant aux premières années de sa vie religieuse.

Vous connaissez maintenant, mes amis, les règles que l'Eglise dans sa sagesse a tracées aux évêques; leur observation la plus scrupuleuse est indispensablement nécessaire pour que les évêques aient le droit de proclamer un miracle, et les fidèles n'ont le devoir de se soumettre que lorsque cette condition a été rigoureusement remplie.

En se plaçant à ce point de vue, le seul qui soit exact, un fidèle, un prêtre remplissent un devoir de conscience et de religion en examinant, en discutant le miracle de la Salette. Vrai, ce miracle ne peut que grandir par la discussion ; faux, la religion ne peut que gagner à une polémique de laquelle ressortira infailliblement la vérité, et n'oublions pas ce langage de l'Evangile : — Dieu est la vérité.

Il y a eu discussion sur ce miracle, cette discussion s'est élevée dans le département où est située la montagne de la Salette ; elle a été soulevée par des vicaires-généraux, chanoines, professeurs de théologie, — MM. Rousselot, Orcel, Chambon, — qui ont publié successivement six brochures et livres, divers articles de journaux. Appuyés de la chaleureuse approbation de leur évêque, ils criaient au miracle de la Salette, énuméraient une centaine de guérisons merveilleuses obtenues par l'intercession de la vierge de la Salette ou par l'eau de cette montagne, imprimaient que pape, évêques, clergé, fidèles, approuvaient et reconnaissaient le miracle ; d'autres prêtres et missionnaires de la Salette imitaient cet exemple, en ayant soin, les uns et les autres, de donner le change sur quelques incidents qui compromettaient le miracle.

Un prêtre de Grenoble dirigeait en ce moment un journal fondé par l'évêque de la Salette, on frappe à sa porte en faveur du miracle, il fait sourde oreille ; on insiste, il refuse ; son silence est une mauvaise note pour le miracle ; on le lui fait expier en commençant contre lui un système de persécutions qui ne connaît pas de bornes. Profondément surpris de tant de déloyauté, il se réveille du profond sommeil dans lequel il était plongé depuis six ans, et écrit de son côté deux ouvrages très-sérieux : — *La Salette devant le Pape*, — *la Conscience d'un Prêtre et le Pouvoir d'un Évêque*. — Il dément tout ce qu'ont affirmé les apôtres de la Salette, il apporte des preuves péremptoires à l'appui de toutes ses assertions, et non content de se livrer à une discussion théorique, il met la main sur une femme pieuse, mais à imagination ardente, Mlle Lamerlière, il indique tous ses gestes et tous ses actes, il la désigne nommément comme l'héroïne du miracle de la Salette.

Il y avait chez ce prêtre courage et conviction — courage, car il s'exposait à la colère du parti dévot, c'est-à-dire, de ce parti fanatique qui ne pardonne jamais et qu'il faut bien se garder de confondre avec le parti pieux, éminemment respectable ; il s'exposait également à la mauvaise humeur de l'évêché et de tous les membres de son conseil; — conviction, car s'il eût avancé des faits faux ou inexacts, il s'exposait à une condamnation judiciaire, à l'amende, à la prison pour avoir prêté gratuitement à une femme innocente, un rôle irréligieux et impie.

On l'a poursuivi en diffamation devant le tribunal de Grenoble, il a voulu lui-même plaider sa cause, et il est sorti de la lutte en triomphateur : tout ce qu'il a dit est judiciairement vrai.

J'ai voulu toutefois lire tout ce qui a été écrit pour et contre la Salette, m'éclairer sur l'exactitude de toutes les affirmations de l'abbé Déléon, et elles sont très-nombreuses ; il résulte de l'impression de ces diverses lectures et des renseignements obtenus que cette exactitude ne laisse rien à désirer.

L'instituteur. — Je croyais, comme tous les braves gens, que le miracle de la Salette était l'apparition de la sainte Vierge à deux bergers de cette montagne, une prédiction faite par elle en langage qui rappelait la douceur, la bonté du langage de Jésus-Christ, une promesse que quiconque boirait de l'eau de la Salette aurait la santé dans ce monde et le salut dans l'autre ; car c'est là ce qu'on nous a dit, ce que nous avons lu dans quelques livres relatifs à ce grand évènement: si un jugement du tribunal de Grenoble a décidé que cette apparition est l'œuvre d'une femme, il n'y a plus ni miracle ni prédiction, ni promesse par rapport à l'eau de la Salette. Comment se fait-il que l'on continue à en expédier jusque dans nos pays, et que les évêques ne réclament pas contre cet abus étrange, aussi injurieux pour la religion que pour la morale publique?

Théophile. — Vous soulevez, peut-être sans vous en douter, la plus grave difficulté de cette singulière affaire; ajournons-en la solution, et pour procéder avec méthode contentons-nous d'étudier aujourd'hui ce point sur lequel repose tout l'édifice de la Salette. — L'apparition du 19 septembre 1846 est-elle vraiment l'œuvre de Mlle Lamerlière ? Le tribunal a-t-il pu se tromper en le déclarant, au fond, par son jugement du 2 mai 1855 ? — S'il ne peut pas y avoir eu erreur, si le fait est constant, nul doute que le miracle de la Salette est une invention humaine, que la persistance à le maintenir est une faute ou plutôt une impiété, que l'obstination à vendre de l'eau de la montagne est un coup de commerce réprouvé par la religion, la conscience et la loi humaine.

Je ne veux pas, sur une question aussi délicate, vous communiquer mes impressions personnelles; comme il s'agit d'un fait qui tombe sous les sens, que tout le monde peut apprécier, qui ne réclame aucun travail de l'intelligence, je vous le soumets tel que je le lis dans l'ouvrage de l'abbé Déléon, ouvrage que n'ont réfuté ni évêques, ni vicaires-généraux, ni chanoines, ni prêtres ou missionnaires de la Salette, chose qu'il est important de noter, surtout quand on pense que les uns et les autres ont beaucoup écrit, beaucoup fait écrire en faveur de cette apparition ; et afin que vous puissiez toucher au doigt l'exactitude de son langage, je commence par vous lire la description du costume de la dame de la Salette telle que l'ont faite les bergers de la montagne, que l'ont annoncée à l'univers catholique les deux évêques de Grenoble, leurs vicaires-généraux et chanoines, leur commission de théologiens dans le rapport de cette commission, publié en 1848, par MM. les vicaires-généraux Orcel et Rousselot, sous le titre : *Vérité sur l'évènement de la Salette.*

J'ouvre ce rapport à la page 59 :

« La dame avait des souliers blancs avec des roses » autour de ses souliers ; il y en avait de toutes les cou-

» leurs ; *des bas jaunes, un tablier jaune*, une robe
» blanche avec des perles partout ; un fichu blanc, des
» roses autour ; un bonnet haut un peu courbé en
» avant ; une couronne autour de son bonnet avec des
» roses : elle avait une chaîne très-petite qui tenait une
» croix avec son Christ : à *droite étaient des tenailles*, à
» *gauche un marteau;* aux extrémités de la croix une
» autre grande chaîne tombait comme les roses autour
» de son fichu. »

N'oublions pas ces lignes, la couleur et la forme du costume de la dame, sa croix, ses tenailles, son marteau. Ecoutons maintenant l'abbé Déléon.

Au printemps de 1846, Mlle Constance de Lamerlière de Saint-Ferréol, ancienne religieuse de la Providence, à Grenoble, apparaissait de temps à autre dans un modeste chalet des Alpes, avoisinant la montagne de la Salette.

Elle était alors l'objet de poursuites judiciaires dirigées contre elle par sa sœur et son beau-frère, aujourd'hui officier-général ; l'un et l'autre voulaient lui faire donner un conseil judiciaire, ils étaient appuyés dans leurs démarches par tout le conseil de famille.

Mlle Lamerlière crut sans doute qu'en s'éloignant de son pays natal, en se réfugiant dans un lieu désert et ignoré, elle suspendrait l'activité des poursuites de sa famille, parviendrait même à les faire cesser ; de là son refuge au chalet voisin de la Salette.

Quelle était cette demoiselle Lamerlière ? Pourquoi ses parents aspiraient-ils à la mettre en tutelle ?

Elève du couvent Saint-Pierre de Grenoble, que dirigeait M. l'abbé Rousselot, Mlle Lamerlière, qui se croyait appelée à la vie religieuse, était entrée à Valence dans le couvent de la Nativité.

Quelque temps après, elle avait passé de cette maison à la maison de la Providence, qui se fondait à Grenoble, et là elle remplissait, en 1827 et 1828, les fonctions de maîtresse des novices. Sœur Thècle, aujourd'hui religieuse à Corps, celle-là même qui s'est empressée de recueillir les deux bergers de la Salette, était une de ses élèves.

Déjà, dans le couvent de la Providence, la vie humble de ses compagnes n'allait pas à sa nature ; il lui fallait du mouvement, de l'éclat, son caractère l'exigeait. En récréation, en étude elle disposait de petites chapelles devant lesquelles elle haranguait ses élèves, les engageait à faire partie d'une congrégation de la Sainte-Famille qu'elle voulait fonder pour la plus grande perfection de la maison. En classe, elle donnait des leçons tellement mystiques, que son enseignement parut suspect à sa supérieure, Mme Chantal, et que l'aumônier de la maison, M. Desmoulins, reçut mission de la surveiller.

Cette surveillance déplut à Mlle Lamerlière, qui bientôt quitta le couvent furtivement ; elle avait alors près de trente ans, elle était religieuse depuis huit ans.

Elle se dirigea vers le midi de la France, en passant par les Hautes-Alpes et Notre-Dame-du-Laus. Son voyage fut celui d'une touriste religieuse. Elle s'arrêta dans chaque village, inspecta l'église, critiqua les tableaux qui la décoraient, indiqua au curé les réparations qu'ils devaient subir, et se fit inscrire sous son nom de C. Lamerlière, avec promesse d'acquitter la plus forte partie de la dépense, dès qu'on lui donnerait avis que ses conseils avaient été suivis.

Elle arriva à Marseille, se lia avec M. l'abbé Carle, que l'on voyait à la tête de toutes les fondations de bienfaisance. A la mort de cet homme de bien, elle parcourut, dans l'intérêt de sa congrégation, pour laquelle elle avait obtenu un bref de Rome, la Savoie, le Dauphiné, le Lyonnais, le Vivarais, la Provence, le Languedoc, la Franche-Comté, la Bourgogne, l'Alsace, une partie de l'Allemagne. Au milieu de toutes ses courses, elle eut un instant la pensée de se fixer dans une communauté religieuse à Viriville (Isère). De là elle vint à Valence, se mit en relation avec M. le chanoine Pangon, homme à projets, s'il en fut jamais, essaya d'établir dans cette ville la congrégation de la Sainte-Famille, rêve de toute sa vie, et de la placer sous le patronage de Mgr de Latourette, évêque de Valence. Ses démarches n'ayant pas abouti, elle revint à Grenoble, réclama la protection et l'appui de M. le chanoine Rousselot, et comme toutes ces pérégrinations ne se faisaient pas sans que sa fortune en souffrît, ses parents, après avoir inutilement tenté de la faire renoncer à sa vie nomade et ruineuse, désireux de sauver pour elle, et malgré elle, les débris de sa fortune, demandèrent, au commencement de 1846, qu'un conseil judiciaire lui fût assigné.

Telle est, de 1820 à 1846, la vie toujours pieuse, toujours inspirée par un motif religieux, mais aussi toujours excentrique de Mlle Lamerlière ; cette excentricité même la conduit au chalet de la montagne.

Dans son gîte isolé, elle songe non-seulement à contrarier les desseins de sa famille par son éloignement, mais encore à profiter de cet éloignement pour couronner, par un acte éclatant, sa vie qu'elle a promenée trente ans, dans ce but, en France et à l'étranger.

Elle quitte de temps à autre son chalet ; elle reparaît dans les lieux qu'elle a habités, elle se tient au courant des démarches de sa famille, elle prend ses dispositions pour le triomphe de son projet.

Elle s'adresse à Grenoble à Mlle Robert, pour un costume et des broderies de l'autre monde. Ne pouvant s'entendre avec elle, elle commence à les préparer de ses propres mains. Elle a bientôt épuisé sa provision de fleurs, de paillettes, de galons ; ces derniers lui font défaut pour achever son travail. Quelques mois avant le 19 septembre 1846 (jour de l'apparition de la Salette), elle vient en chercher à Grenoble, chez M. Genard, marchand d'ornements d'église. La largeur, la couleur de ceux qu'on lui présente ne répondant pas à ses désirs, elle étale aux yeux du marchand et de sa femme une robe blanche ornée d'arabesques et de guirlandes, d'une croix, d'un marteau, de tenailles ; elle étale également un tablier jaune, des bas jaunes, une écharpe entourée de roses, et le marchand étonné, n'ayant pas de galons assortis, renvoie Mlle Lamerlière à une brodeuse de Grenoble, Mlle Meunier.

Sous les yeux de sa mère, sous les yeux des familles Clopin, Roy, Vernet, Mlle Meunier termine les broderies commencées par Mlle Lamerlière ; elle brode de plus sur un carton découpé un marteau et des tenailles, car sa cliente veut pouvoir adapter ces deux ornements à toutes ses robes.

Les apprêts de sa toilette du paradis achevés, Mlle Lamerlière se transporte à Tullins, petite ville de l'Isère, plusieurs semaines avant le 19 septembre 1846. Là, elle arrête une foule de femmes et d'enfants, leur débite un sermon sur le culte de la sainte Vierge, sur ses avantages, sur sa beauté, et pour le faire avec plus d'autorité, elle a revêtu un costume sur lequel brillent *les instruments de la Passion de Jésus-Christ.*

Cette première mise en scène opérée, elle va, sans perdre de temps, dans diverses maisons de Tullins ; elle poursuit son œuvre, et annonce d'un air mystérieux que, « *bergère des Alpes*, elle est » sur le point de mettre fin à un voyage qui tournera à la gloire » de Dieu et au salut des âmes ; qui aura une tout autre impor- » tance qu'une mission ; que le projet qu'elle va accomplir est » une chose bien autrement grande que tout ce qu'on peut ima- » giner, qu'il en sera parlé longtemps et au loin, etc. »

Bientôt, et toujours avant le 19 septembre 1846, Mlle Lamerlière vient prendre gîte chez les époux Carra, à l'embarcadère de la porte de France, à Grenoble. Non-seulement elle a avec elle ses robes à arabesques, à guirlandes, à instruments de la passion, son tablier jaune, ses bas jaunes, son bonnet en pain de sucre se recourbant un peu dans le haut, mais ses hôtes, mais M. Hébert, de Grenoble, et son épouse, les voient, les remarquent avec surprise, en font l'observation à Mlle Lamerlière ; celle-ci, prenant aussitôt son air d'inspirée, leur répète en détail ce qu'elle a dit à Tullins, leur révèle que ces objets sont destinés à l'accomplissement de son grand projet.

Dans les premiers jours de septembre 1846, elle est à Saint-Marcellin (Isère) ; elle y prend la voiture que dirige le conducteur Fortin, elle lui tient en voyage le même langage, elle lui désigne les montagnes des Alpes comme le but de sa course, comme le théâtre de son exploit.

Ces divers actes, ces préparatifs, ces annonces de voyage, ces costumes à croix, tenailles et marteau, sont connus dès avant le 19 septembre 1846, et pour quelques-unes seulement des personnes ci-après, dès les jours qui suivirent celui de l'apparition, par les familles Chevalier, Bénéton, Rebuffet, Clopin, Faure, Bos, Barthélemy, Frappart, Girard, Roy, Vernet, Chavannes, Dausse, Bonnet, Masson, Rey, Bergeret, Lavalette, Robert, Fabre, etc., etc., et par MM. Kœnig, curé de Tullins ; de Lemps, curé de Saint-André de Grenoble ; Moneyrot, curé de Sinard ; Michel, curé de Vaulnaveys ; Bec et Cartellier, vicaires de Saint-Joseph de Grenoble, etc., etc.

Le 19 septembre 1846 arrive. Quel évènement va se produire sur la montagne qu'habite Mlle Lamerlière, pourvue du costume que nous savons, et riche des projets auxquels elle nous a initiés ?

L'instituteur. — Des détails aussi précis, la désignation de tant de témoins dans le lieu même où ils résident est déjà une forte présomption que Mlle Lamerlière est réellement la vierge de la Salette ; mais comment a-t-on pu réunir tous ces renseignements sous l'œil et malgré l'influence d'un évêque qui avait proclamé que l'apparition de la Salette était miraculeuse ; sous l'œil et malgré l'influence de tout le clergé de ce diocèse qui prêchait et fêtait cette apparition comme venant du ciel ? Voilà ce qui m'étonne.

Théophile. —Votre étonnement est fondé, mais comme un arrêt de la justice est venu, après des débats contradictoires et publics, consacrer l'exactitude de tous ces détails et le droit qu'on avait de les publier, les difficultés dont l'abbé Déléon a triomphé prouvent qu'il n'a reculé, comme il le dit quelque part, devant aucun sacrifice de temps, de correspondances, de voyages, pour arriver à la vérité, pour avoir le droit de publier un ouvrage de discussion religieuse et d'être cru sur parole dans toutes ses affirmations; car il a soin, lorsqu'il discute, de citer toujours le titre, la page, la ligne de l'ouvrage ou du mandement qu'il réfute ; il donne ainsi une preuve de bonne foi qui malheureusement ne se rencontre jamais sous la plume de ceux qui ont écrit en faveur de la Salette.

Cet entretien a duré assez longtemps, remettons la suite à dimanche prochain, de nouvelles révélations aussi piquantes que celles d'aujourd'hui nous attendent.

CHAPITRE IV.

Théophile raconte l'apparition de la dame de la Salette, son costume, son langage français, patois, puis français encore, et l'impression qu'elle produit sur les deux bergers de la montagne.

Vous vous rappelez, mes bons voisins, notre dernier entretien sur Mlle Lamerlière, le costume qu'elle avait préparé pour un projet à grand retentissement qu'elle voulait exécuter dans les montagnes, en qualité de *bergère des Alpes*, le chalet qu'elle habitait près de la Salette, les nombreux témoins qui ont vu ou entendu tout cela avant le 19 septembre 1846, jour de l'apparition de la Salette.

Nous allons aujourd'hui étudier cette apparition dans ses principaux détails, et comme mon intention est de vous éclairer et non pas de vous induire en erreur (pensée qui ne pourrait venir qu'à un malhonnête homme), j'ai eu soin de m'assurer que les détails rapportés par l'abbé Déléon sont exactement tirés des ouvrages que j'ai là, que je tiens à votre disposition, qui ont été publiés en faveur de la Salette par deux vicaires-généraux de Grenoble, MM. Orcel et Rousselot, non-seulement en leur nom, mais au nom de tous les chanoines, de tous les curés de Grenoble et de leur évêque. Ces détails font partie essentielle de l'apparition et du miracle ; il en est un toutefois qui a été retranché par l'infidélité des deux historiens de la Salette; j'aurai soin de vous l'indiquer, de vous retracer les incidents qu'il a fait naître, les aveux auxquels a été réduit l'évêque de Grenoble ; après ces aveux, un chrétien ne peut plus croire au miracle de la Salette.

Lisons et écoutons avec une attention toute particulière l'abbé Déléon :

« Le 19 septembre 1846, deux bergers de la Salette, Maximin Giraud, âgé de onze ans, Mélanie Mathieu, âgée de quatorze ans, s'étaient endormis poétiquement sur l'herbe après avoir fait boire leurs vaches et avoir goûté eux-mêmes. A leur réveil, ils aperçoivent devant eux une belle dame, prosaïquement assise sur une pierre auprès de la fontaine, dans une attitude qui indique une profonde tristesse, car sa figure est cachée dans ses mains, ses coudes sont appuyés sur ses genoux, ses yeux laissent échapper des larmes. »

L'instituteur. — Je croyais que les saints, et à plus forte raison la sainte Vierge, ne pleuraient jamais, puisque le bonheur dont ils jouissent dans le ciel est pur et sans mélange.

Théophile. — Votre observation est très-juste, aussi lisons-nous dans l'Evangile, chap. XXI, vers. 4, de l'Apocalypse, que la douleur (et par conséquent les larmes qui sont le signe de la douleur) est bannie du ciel. Si les théologiens et l'évêque de Grenoble avaient réfléchi, ils n'auraient pas écrit leur phrase maladroite. L'évangile a prononcé sur la dame de la Salette : elle pleure, donc elle n'est pas la sainte Vierge. Continuons.

« Cette belle dame qui, à en croire évêque, vicaires-généraux, chanoines et curés de Grenoble, n'est autre que la sainte Vierge, se lève ; elle est revêtue, d'après le portrait retracé par les deux bergers, d'une robe blanche avec des perles partout ; elle a un fichu avec des roses autour, un tablier jaune, des bas jaunes, des souliers blancs avec des roses autour de ses souliers ; une chaîne soutient une croix suspendue à son cou ; à droite de la croix sont des tenailles, à gauche est un marteau ; sa tête est ornée d'une coiffure haute que termine une couronne de roses. En un mot, son vêtement est exactement celui que Mlle Lamerlière a fait préparer pour son projet, à grand retentissement, dont les Alpes doivent être le théâtre.

L'instituteur. — L'Eglise n'a jamais consacré au culte de la sainte Vierge que des ornements de deux couleurs, — la couleur blanche et la couleur bleue. Pourquoi la dame de la Salette leur substitue-t-elle la couleur jaune? Jamais l'Eglise n'a décoré de tenailles et de marteau la statue de la sainte Vierge. — Pourquoi donc la dame de la Salette se pare-t-elle de ces attributs de la Passion de Jésus-Christ?

Théophile. — Je n'ai pas à rechercher les raisons qui ont déterminé la dame de la Salette à s'affubler de vêtements jaunes, de guirlandes de fleurs et des instruments de la Passion, j'ai seulement à constater avec vous que cela n'est nullement conforme aux usages de l'Eglise, mais est excessivement conforme au costume préparé par Mlle Lamerlière, longtemps avant le 19 septembre 1846. Ce dernier fait est très-positif, et suffit pour que, de prime abord, on attribue l'apparition à Mlle Lamerlière et pas du tout à la sainte Vierge. Avançons, et nous verrons si cette première impression est susceptible de se modifier.

» A l'aspect de la dame blanche et de son costume, les bergers sont effrayés; bientôt ils se rassurent, la dame s'avance vers eux, les invite à s'approcher, se croise les bras et leur annonce qu'elle est là pour leur *conter* une grande nouvelle ; elle la leur conte en effet dans les termes suivants, que j'extrais des relations transmises à l'évêché par les premiers historiens de la Salette : MM. Chambon, vicaire-général ; Oriol, curé de Gières; Martin, curé de la Tronche ; Cat, curé de la Mure ; Eymery, vicaire de Mens ; Mélin, curé de Corps ; Perrin, curé de la Salette ; Guillaud, curé de Toucieux ; et de celles de MM. Rousselot et Orcel, vicaires-généraux. »

« Si *mon peuple* ne veut pas se soumettre, *je suis* forcée de
» laisser aller le bras de mon fils; il est si pesant et si fort, que
» je ne peux plus le soutenir; il *est parti* pour écraser le
» peuple.

» Depuis le temps que *je souffre* pour vous autres!... Si je
» veux que mon fils ne vous abandonne pas, je suis chargée de
» le prier sans cesse.

» Et pour vous autres, vous n'en faites pas cas.

» Vous aurez beau prier, beau faire, jamais vous ne pourrez
» récompenser *la peine* que j'ai prise pour vous autres. »

L'instituteur. — La *peine* dont se plaint la dame de la Salette est la prière qu'elle adresse sans cesse à Dieu, et qui la fait *souffrir*. On nous enseigne au catéchisme et au prône, j'enseigne à mes élèves que la prière est, au contraire, une élévation de notre âme vers Dieu, une jouissance du cœur, une anticipation du bonheur qui est réservé aux élus. Tout cela ne serait-il donc pas exact?

Théophile. — Tout cela est exact, et quiconque prie avec ferveur et amour le sent très-bien. — Le langage de la dame de la Salette est un langage insensé ou un langage impie; chaque phrase va nous en fournir la preuve, écoutez plutôt.

» *J'ai* donné six jours pour travailler, *je me suis* réservé le
» septième, et on ne veut pas le *Lui* donner; c'est là ce qui *ap-*
» *pesantit* tant la main de mon fils. »

L'instituteur. — C'est à ne pas y croire. Déjà en commençant, la dame de la Salette disait : *Mon peuple*, maintenant elle ajoute : *J'ai donné six jours pour travailler, je me suis réservé le septième*, et *on ne veut pas le Lui donner*. En dehors de ce galimathias — J'AI donné, on ne veut pas LUI donner, — une pensée me frappe. — Le Sauveur du monde a bien dit à ses apôtres que « toute puissance lui avait été donnée dans le ciel et sur » la terre. » Mais Jésus-Christ était Dieu. La dame de la

Salette est-elle Dieu, pour avoir le droit de parler comme elle le fait ?

Théophile. — Votre observation est fort juste. Le langage personnel et absolu que se permet la dame de la Salette ne convient qu'à Dieu, encore n'a-t-il pas adopté, sur le mont Sinaï, une forme aussi tranchante.

« Je suis le Seigneur votre Dieu, a-t-il dit... Vous tra- » vaillerez pendant six jours, mais le septième jour est » le jour du repos consacré au Seigneur. »

Quant à Jésus-Christ, jamais il n'a parlé comme le fait la dame de la Salette, jamais il n'a hésité à attribuer à son Père la toute-puissance; il y a plus, il a eu soin de nous avertir que Marie ne pourrait jamais se prévaloir de son titre de mère pour la partager. « Femme, lui avait-il dit, qu'y a-t-il de commun entre vous et moi? ne savez-vous pas qu'il faut que je sois tout entier aux choses qui regardent mon Père? » Ce langage de toute sa vie, il l'avait confirmé sur la croix. « *Femme*, lui avait-il dit encore en la léguant à son disciple Jean, *voilà votre fils*. Et Marie, qui avait proclamé, même avant la naissance de Jésus-Christ, l'extrême bonté de Dieu, puisqu'il avait daigné abaisser ses regards sur *la bassesse de sa servante*, fidèle à ce sentiment, avait vécu, était morte ignorée de la terre, à ce point que l'Evangile fait à peine mention d'elle, qu'on ne connaît ni le lieu, ni l'âge de sa mort.

Il y a loin, bien loin de cette conduite à celle que pratique la dame de la Salette; cette différence est un motif très-légitime d'examiner avec soin toutes les parties de son langage.

Je poursuis.

» Pendant tout l'été, les garçons ne vont presque pas à la » messe; on n'y voit, pour ainsi dire, que de vieilles personnes. » Les hivers, ils y vont quand ils ne savent que faire, mais » *ils remplissent leurs poches de pierres pour les jeter aux filles.*

» On va tout le carême à la boucherie comme *des chiens*. Les » jeunes personnes font de mauvaises confessions ; *si elles osaient*, » *elles se feraient porter à manger à la danse*.

» On se met au lit sans penser à Dieu ni à la prière ; on se » lève de même, absolument comme *des chiens*.

L'instituteur. — Voilà de bien vilaines expressions ! Je punirais un enfant qui aurait toujours à la bouche le mot *chien* : comment la sainte Vierge le répète-t-elle à chaque instant ? comment peut-elle prétendre que ceux qui vont à la boucherie le carême ressemblent à des *chiens*. Il est permis d'y aller cependant, puisque notre curé nous lit depuis quelques années un mandement de notre évêque qui permet de manger de la viande les dimanche, lundi, mardi et jeudi de carême. Notre évêque ne pense pas comme la sainte Vierge, et cependant il parle au nom de Dieu. La sainte Vierge, en disant tout le contraire, parle-t-elle aussi au nom de Dieu ? Dans ce cas, avouez-le, il nous est impossible de savoir ce que Dieu exige de nous.

Théophile. — Vous auriez parfaitement raison si la dame de la Salette était la sainte Vierge, et notre évêque se mettrait, chaque année, en révolte contre Dieu en permettant de manger de la viande pendant le carême. Notre évêque ne serait pas le seul, tous les curés, en lisant son mandement, tous les fidèles, en en profitant, se mettraient aussi en révolte, et comme l'acte de notre évêque, de nos curés, est imité par tous les évêques, par tous les curés, comme il est accepté par tous les fidèles du monde, et cela depuis l'apparition de la Salette, il en résulterait que tous les chrétiens agiraient, par ordre des évêques, comme de véritables CHIENS. Il me suffit de vous indiquer cette conséquence pour vous prouver que ce langage ignoble et absurde ne vient pas du ciel, que la dame qui le profère n'est pas, ne peut pas être la sainte Vierge. — Continuons à l'écouter.

» Ceux qui conduisent des charrettes ne savent pas jurer sans » y mettre le nom de mon fils.

» Quand vous trouviez des pommes de terre gâtées, vous ju- » riez, vous y mettiez le nom de mon fils. »

L'instituteur. — Quel est donc le jurement dans lequel on met le nom du Fils de Dieu? Non-seulement on ne le connaît pas dans nos pays, mais encore je n'en ai trouvé l'indication dans aucun livre de piété, dans aucun examen de conscience, et cependant il y en a qui renferment la désignation de toutes les fautes et de tous les détails qui s'y rattachent.

Théophile. — Cette expression, *mon fils*, répétée plusieurs fois par la dame de la Salette, est une chose fort grave et fort heureuse en même temps.

1° Jamais la sainte Vierge n'a donné ce nom à Jésus-Christ pendant qu'elle était sur la terre.

2° L'Evangile n'attribue au Sauveur que les noms: *Agneau de Dieu*, — *Verbe de Dieu*, — Fils de Dieu, — Jésus — Christ. — Elle n'en attribue pas d'autres.

La dame de la Salette n'a parlé ni comme la sainte Vierge, ni comme l'Evangile.

3° Le jurement, malheureusement trop en usage, est le blasphème du nom de Dieu, non pas du nom de Dieu le Fils de Marie, mais du nom de Dieu le Père, de Dieu l'Essence divine, la Trinité entière.

La dame de la Salette n'a pu adresser le reproche de ne pas *savoir jurer sans y mettre le nom de son Fils* qu'autant qu'elle est mère de Dieu le Père, et comme une femme ne peut pas être mère sans préexister à celui qu'elle met au monde, cette dame déclare, par ces expressions, qu'elle est d'une origine antérieure à l'origine de Dieu; que Dieu, dès lors, a eu un commencement; qu'il ne possède pas la perfection de l'existence; que cette perfection ne se retrouve que dans elle. En d'autres termes, elle déclare qu'elle seule est Dieu sous son costume de femme, elle commet une impiété, ou elle parle le langage d'une folle.

Et remarquez bien ceci, ce langage doit être pris dans son sens le plus exact et le plus théologique; il vient du ciel, au dire de la dame de la Salette ; s'il contredit l'enseignement de la théologie qui est transmis au nom du ciel, il condamne cet enseignement, et alors de deux choses l'une, — cet enseignement est vrai ou il est faux. — S'il est vrai, celui de la dame de la Salette est impie ou insensé ; s'il est faux, on doit le réformer, ce qu'on ne fait pas, et on doit prescrire, ce qu'on se garde bien de faire, celui de cette dame qui lui est radicalement opposé, car Dieu est la vérité, la vérité n'admet pas le *pour* et le *contre*, le *oui* et le *non* sur la même doctrine. Avançons toujours.

Les deux bergers se regardaient, puis regardaient la dame qui leur parlait en français et, dès lors, ne contait pas sa nouvelle pour eux, car les bergers de la Salette ne comprenaient pas le français. La sainte Vierge, si elle eût été chargée d'une mission divine, n'aurait pas ignoré cela, et cette circonstance bizarre, fût-elle seule ! elle suffirait pour qu'un chrétien honnête ne polluât pas la sainte Vierge au contact de la Salette ! Le regard vague et hébété des bergers eut seul le talent de révéler leur ignorance à la dame de l'apparition. Aussitôt, avec une admirable politesse, la dame blanche et jaune continua en patois de Corps la nouvelle qu'elle avait commencée en français.

L'instituteur. — Il est impossible que ces détails soient exacts, et aucun d'eux ne serait connu s'ils avaient été transmis en français à deux petits pâtres qui ne comprenaient pas cette langue ; qui ne pouvaient pas, dès lors, retenir par cœur ce qu'on leur disait. — Je crois que sur ce point votre abbé est un véritable blagueur.

Théophile. — Détrompez-vous, cet abbé est bien loin de mériter une pareille injure, il ne révèle ces détails que parce qu'il les a puisés à une bonne source : j'ai lu, comme je vous l'ai dit, tous les livres écrits sur la Salette, et surtout ceux qui émanent de la commission des théologiens, de M. le vicaire-général Rousselot, et qui sont approuvés, loués et recommandés par l'évêque de Grenoble. Je vous ferai lire tous ces divers détails, qui vous paraissent une blague, dans les livres des apôtres de la Salette, mais comme il y en a encore un du même genre qui dépasse ceux dont nous venons de parler, attendons quelques instants, nous allons le connaître et nous les vérifierons tous ensemble. Finissons d'abord le discours de la dame aux deux bergers.

» Si la récolte se gâte, reprit-elle, ce n'est rien que pour vous » autres ; je vous l'ai fait voir l'année dernière par les pommes » de terre, vous n'en avez pas fait cas, c'est au contraire.

» Si vous avez du blé, il ne faut pas le semer, parce que » l'ANNÉE PROCHAINE les insectes le dévoreront, et s'il en reste » un peu, quand on voudra le battre, il tombera tout en pous- » sière. Il va venir une grande famine, et avant que la grande » famine vienne, *tous les enfants au-dessous de sept ans vont* » *mourir*, et les autres feront leur pénitence par la faim ; s'ils » se convertissent, les pierres, les rochers se changeront en » blé, les pommes de terre se trouveront ensemencées par la » terre. »

L'instituteur. — Il me semble que ce langage ne permet plus à qui que ce soit de se tromper sur la nature de la dame de la Salette et sur la nature de sa mission, elle prédit de grands malheurs, si on ne se convertit pas, — l'anéantissement de toute récolte, la mort des enfants au-dessous de sept ans, la famine pour ceux qui sont au-dessus de cet âge. — Elle prédit, au contraire, un prodige inouï de la bonté de Dieu si on se convertit, — les pierres et les rochers changés en blé, les pommes de terre ensemencées par la terre. — Elle précise l'époque de ces évènements, L'ANNÉE PROCHAINE, c'est-à-dire 1847, puisqu'elle parle ainsi le 19 septembre 1846. Soyez assez obligeant pour nous dire ce qui est arrivé en 1847, à Corps, à la Salette, dans le diocèse de Grenoble, cette indication nous prouvera si la prédiction venait de Dieu, qui ne se trompe jamais; si la dame de la Salette était vraiment la sainte Vierge.

Théophile. — Vous posez très-bien la question, et vous en tirez une conséquence légitime, je vais répondre en invoquant une autorité que les partisans du miracle de la Salette ne récuseront pas, c'est celle des deux évêques de Grenoble et des auteurs dont ils ont dirigé la plume.

Les récoltes n'avaient pas péri, les enfants au-dessous de sept ans n'étaient pas morts, les personnes plus âgées n'avaient pas succombé par la famine en 1847. La prédiction de la dame de la Salette ne pouvait venir du ciel qu'autant que tout le monde se serait converti, et par sa conversion aurait détourné ces divers fléaux ; aussi l'évêque de Grenoble fait-il imprimer, en 1848, sous la signature de MM. les vicaires-généraux Orcel et Rousselot, le rapport de la commission des théologiens qui a approuvé le miracle. Et à la page 94 de ce rapport, on lit ces mots :

« Non-seulement les habitants de Corps, de la Salette, » de tout le canton et des environs, ont cru à l'appari- » tion arrivée aux deux petits bergers ; mais ils en ont » été frappés, touchés, épouvantés ; mais *ils se sont* » *convertis*, ont cessé leurs travaux des dimanches, » leurs blasphêmes, etc.; mais ils fréquentent les égli- » ses, s'approchent des sacrements, etc. »

Nul doute que ce ne soit la vérité, car un évêque, des

vicaires-généraux, des chanoines, des curés parlant au nom de Dieu et pour Dieu, ne mentent jamais, et ils affirment au monde entier que *tout le canton de Corps s'est converti*.

A cette annonce les pèlerins accourent à la Salette en 1848, en 1849; ils sont surpris de trouver dans ce canton *converti*, des gens en bon nombre qui travaillent le dimanche, qui mangent de la viande les jours défendus, qui jurent le nom de Dieu, qui font, en un mot, ce que font des pécheurs *non convertis ;* ils manifestent leur surprise, ils disent tout haut qu'on les trompe en imprimant des choses qui ne sont pas vraies ; M. Rousselot, sous l'inspiration et avec l'approbation de son évêque, reprend la plume, publie en 1850 un deuxième ouvrage (*Nouveaux Documents*) que j'ai là, que j'ouvre devant vous comme j'avais ouvert le premier, et à la page 26 il rappelle les prédictions de la dame de la Salette, indique qu'elles ont été accomplies, en partie, par l'éruption terrible du volcan révolutionnaire de 1848, et ajoute cette phrase qui dément la conversion du canton de Corps : « Et qui sait si les autres parties de » la prophétie n'auront pas aussi leur terrible accom- » plissement, SI ON NE SE CONVERTIT PAS. »

Vous le voyez, au dire des apôtres de la Salette, tout le canton de Corps s'était converti en 1847. — Cependant les pierres et les rochers ne se sont pas changés en blé conformément à la promesse de la dame : — au dire des mêmes apôtres, tout ce canton n'était pas converti encore en 1850. — Cependant les enfants au-dessous de sept ans ne sont pas morts, les personnes âgées n'ont pas subi la famine, les récoltes n'ont pas été anéanties conformément aux menaces de cette dame. — En d'autres termes, cette dame était venue, le 19 septembre 1846, sur la montagne de la Salette, parler un langage insensé, irréligieux, impie, elle était venue abriter ce langage derrière des promesses et des menaces conditionnelles ; conditions, promesses, menaces, tout a été en défaut ; dans cette situation, toutefois, elle a rencontré sur ses pas des hommes revêtus d'un caractère sacré qui se sont servis de leur position officielle pour imposer au monde catholique, à l'aide de mensonges qu'ils ont été réduits à reconnaître et à constater eux-mêmes, — son langage comme un langage divin, sa personne comme celle d'une messagère du ciel ; elle a eu pour hérauts de son exploit deux bergers ignorants qui ne comprenaient pas un mot de ce qu'elle leur disait ; — je vous le prouverai bientôt. — Pour apôtres des hommes qui n'ont reculé, qui ne reculent devant aucun moyen de corruption, devant aucune mal-façon, car Dieu, lassé de tant d'extravagances, les a abandonnés à tous les errements humains. — Voilà, en deux mots, le côté le plus benin de l'histoire de la Salette, telle qu'elle nous est transmise par ses inventeurs. Cela révolte votre bonne foi, et cependant cela est très-vrai : avant de vous en soumettre les preuves les plus concluantes, avant de reporter votre attention sur ces deux mots, ANNÉE PROCHAINE, que vous avez eu raison de remarquer, à l'occasion desquels on aurait le droit de dire des apôtres de la Salette, — si leurs dignités ecclésiastiques permettaient ces expressions, — qu'ils se sont joués de Dieu et des hommes ; finissons-en avec l'apparition de la dame de la Salette, avec l'histoire de Mlle Lamerlière, car cet entretien a déjà été prolongé outre mesure.

Après avoir fini de conter sa nouvelle aux deux bergers, la dame de la Salette donne en patois à Maximin, en français à Mélanie, *un conseil de sagesse* ou *un secret personnel* comme on voudra, car les narrateurs du miracle varient de l'un l'autre, puis recommande aux deux bergers, mais *en français qu'ils ne comprennent pas*, de faire passer tout cela à son peuple, et, choisissant le chemin de l'école, elle monte jusqu'au sommet le plus élevé du tertre et disparaît aux regards des enfants *comme un morceau de beurre dans la soupe*. (M. Girin, chantre de la cathédrale, pag. 10.)

L'instituteur. — Qu'est-ce que ce galimathias ? Encore du patois, puis du français que les petits bergers ne comprenaient pas, d'après ce que vous nous disiez tout-à-l'heure ! Il n'est pas possible que ce ne soit pas une charge, et les apôtres de la Salette n'ont pu faire des aveux aussi pitoyables qu'autant qu'ils seraient enfermés dans une maison d'aliénés.

Théophile. — Je ne conteste pas la justesse de votre observation, aussi, au lieu de répondre moi-même, je vous transmets les livres ou écrits que vous allez contrôler à haute voix, en vous reportant aux pages et aux lignes que je vais vous désigner.

Prenez d'abord le premier intitulé : *Vérité sur l'évènement de la Salette*. C'est le rapport *consciencieux* et *impartial* des théologiens *graves*, *pieux* et *instruits*, consultés en 1847 sur le miracle. Ils ont *mûrement examiné et discuté le fait de l'apparition et ses suites*. Commencez par vous assurer que le mandement doctrinal du 19 septembre 1851, que vous avez en main, qualifie ainsi ce rapport, et lisez les §§ 8 et 9.

L'instituteur. — Je trouve en effet ces qualifications et bien d'autres encore.

Théophile. — Celles-là nous suffisent. Le rapport que vous allez consulter est donc le travail le plus sérieux sur lequel on a élevé le miracle de la Salette. Il est l'œuvre de l'évêque et de ses théologiens. Ouvrez-le à la page 53, qui contient le récit du discours de la dame de la Salette aux deux bergers. Ce récit commence-t-il immédiatement par le patois ou par le français, ou bien après avoir commencé dans un idiome, continue-t-il dans un idiome différent? Le rapport dit-il pourquoi ce changement s'opère. Lisez :

L'instituteur. — C'est à ne pas y croire : plus de la moitié de ce discours est écrite en français, l'autre partie est écrite sur deux colonnes, l'une en français, l'autre en patois, et ces deux colonnes sont précédées de cette phrase de la dame que je lis avec une profonde surprise.

« Ah ! mes enfants, vous ne comprenez pas, je m'en » vais le dire autrement. Puis elle a continué en pa- » tois. »

Théophile. — Ne nous arrêtons pas en si bon chemin, tournez le feuillet, allez à la page 57, à la fin du discours. Lisez :

L'instituteur, lisant à haute voix :

« Après cela, la dame a dit *en français :*

» Eh bien ! mes enfants, vous le ferez passer à mon peuple. »

Théophile. — Allez à la page 59, ligne 2e. La commission de théologiens adresse cette question à Mélanie :

— La dame t'a-t-elle donné ton secret en français? Quelle est sa réponse?

L'instituteur lit. — « Elle me l'a dit en patois. »

Théophile. — Allez maintenant à la page 69, ligne 7. La même question est adressée à Maximin. Que répond-il ?

L'instituteur lit. — « La dame m'a dit quelque chose » *en francais,* en me disant : « Tu ne diras pas ça, ni ça, ni ça, etc. »

Puis il ajoute : Après avoir lu ces lignes et ces aveux ;

je ne puis me défendre d'un sentiment de pitié sur l'aveuglement des apôtres de la Salette. Leur dame a eu recours au patois, parce que les deux bergers ne comprenaient pas le français, et elle revient au français, pour donner un secret au berger, tandis qu'elle le donne en patois à Mélanie. Elle ne voulait donc pas que ce petit berger comprît ce qu'elle lui disait; puis, comme si cette première extravagance ne suffisait pas, c'est encore en français inintelligible pour tous les deux, qu'elle leur dit de *faire passer à* SON PEUPLE tout ce qu'elle vient de leur conter. Comment ces enfants ont-ils pu obéir à cet ordre, puisqu'ils n'ont pas pu comprendre ce qu'elle leur disait?

Théophile. — Rien ne leur a été plus facile. Il est vrai que vous et moi, que nous tous ici présents, que toutes les personnes de bonne foi ne sauront pas le comprendre; mais enfin cela est, les apôtres de la Salette l'assurent, donnons-nous la satisfaction de nous en convaincre. Reprenez leur rapport à la page 87, ligne 10, vous trouverez cette question adressée à la bergère par un prêtre qui a joué un grand rôle dans l'édition du miracle de la Salette.

« Tu ne comprenais pas le français, tu n'allais pas à » l'école; comment as-tu pu te rappeler ce que la dame » te disait? Elle te l'a dit plusieurs fois? Elle t'a appris » à te le bien rappeler? »

Lisez-nous la réponse de la bergère :

L'instituteur. — « Oh! non. Elle ne me l'a dit qu'une » fois, et je me la suis bien rappelée. Et puis quand même » je ne comprenais pas bien, en disant ce qu'elle m'a- » vait dit, ceux qui comprenaient le français, le com- » prenaient ; quand même je ne la comprenais pas, cela » suffisait. »

L'instituteur, fermant le livre.

En vérité nous assistons à une représentation de Polichinel, et les artistes ambulants savent mieux cacher les ficelles. Les bergers de la Salette, en devenant grands, ont dû rire plus d'une fois du rôle qu'on faisait jouer à leur dame.

Théophile. — Il paraît qu'ils n'ont pas attendu si tard, jugez-en par ces lignes qui terminent le chapitre dont je viens de vous donner lecture.

Mlle des Brûlais, de Nantes, quatre fois pèlerine de la Salette, dont l'ouvrage (*Echo de la sainte Montagne*) a été revu, corrigé, expurgé par M. Mélin, curé de Corps, nous apprend (pag. 34, 71 et 143) l'impression produite sur le berger Maximin par la dame blanche, sa toilette de l'autre monde, son langage franco-patois, son secret personnel, sa disparition.

En l'apercevant, il s'arme de son bâton pour la *taper*, l'aborde, le chapeau sur l'oreille, pendant qu'elle conte sa nouvelle, pose son chapeau sur son bâton et le fait pirouetter; bientôt le remet sur sa tête, et, à l'aide de ce bâton, fait rouler des pierres sur les pieds de la dame blanche; enfin, au moment où elle va disparaître, avance vivement sa main pour arracher quelques-unes des fleurs qui ornent sa robe et ses souliers.

Telle est, dans sa naïve simplicité, la première édition du miracle de la Salette, du langage de la dame aux deux bergers, de l'impression qu'elle produit sur eux, de son costume de l'autre monde. — Cet évènement a lieu le samedi, 19 septembre 1846, à trois heures de l'après-midi.

Remettons à dimanche prochain la suite de cette curieuse histoire et les observations que je vous ai promises sur les deux mots qui vous ont le plus frappés et qui suffisent, à eux seuls, pour juger la Salette. Je veux parler des mots *année prochaine*.

CHAPITRE V.

Théophile raconte tous les incidents qui concernent Mlle Lamerlière et la Salette, depuis l'apparition du 19 septembre 1846 jusqu'à nos jours. — Il signale les premières manœuvres qui ont été pratiquées par calcul et par mauvaise foi; il les prouve en invoquant exclusivement les écrits publiés par les apôtres de la Salette.

Vous vous rappelez, mes amis, que l'apparition de la Salette a eu lieu le 19 septembre 1846, que la dame de cette apparition était revêtue d'un costume assez bizarre et que sa poitrine était ornée d'une croix, d'un marteau et de tenailles. Voyons quels furent, après cette apparition, les actes de Mlle Lamerlière, et pour n'en oublier aucun, revenons à l'abbé Déléon et reprenons notre lecture.

Le 25 septembre, la dame de la Salette est à N.-D. du Laus, avec son costume et ses attributs de la Passion ; elle y est pour poursuivre la « mission qu'elle a commencée ; vierge de la Sa- » lette, elle apporte des nouvelles du ciel. » Les religieuses de la maison la voient et l'entendent. — M. Bois, ancien notaire, m'a déclaré que Mgr Ginoulhiac, évêque de Grenoble, reconnaissait cette présence de Mlle Lamerlière au Laus, et le lui avait dit lui-même.

Le 26 septembre, la dame de la Salette apparaît encore avec son même costume, dans une hôtellerie de Gap.

Le dimanche du Rosaire arrive, et, sous les yeux de plusieurs demoiselles qui l'entourent, Mlle Lamerlière revêt le costume de la montagne et monte à Parménie, pour annoncer à quelques personnes pieuses réunies en retraite « la mission qui lui est confiée et qu'elle vient continuer auprès d'elles. »

C'est à ces demoiselles qu'elle déclare, pour la première fois (chose qu'elle a confirmée depuis à Grenoble), que les ânes, les véritables ânes rencontrés par elle en montant à la Salette, se mettaient, eux aussi, à genoux, et proclamaient ainsi leur croyance au miracle de son apparition.

A la même époque, elle rencontre Fortin, son conducteur, dans une maison bourgeoise de Tullins où on lui parlait de la Salette, et où, rappelant le langage qu'elle lui avait tenu dans la voiture aux premiers jours de septembre, il disait : « La Sa» lette est l'ouvrage de Mlle Lamerlière. » — Elle se contente de répondre froidement : « Ne croyez pas le conducteur, cela » ferait du mal à la religion. » Sur quoi, Mme Mazet, suffisamment éclairée, prend une médaille de la Salette qu'elle portait déjà à son cou et la jette loin d'elle.

A quelques jours de là, Fortin rencontre de nouveau Mlle Lamerlière et l'aborde en lui disant : « Nous sommes seuls aujour» d'hui, tout déguisement serait inutile, dites-moi quelle fan» taisie vous a pris d'aller à la Salette faire la sainte Vierge ? » Et comme il lui rappelle les confidences de la voiture, la tient en arrêt, exige une réponse, Mlle Lamerlière est réduite à lui dire : « Eh bien ! soit, il vous est permis de ne pas croire, » mais au moins laissez croire les autres, cela fait du bien à la » religion. »

Mais déjà, sur la fin de septembre 1846, M. Hébert, de Grenoble, qui avait vu, pendant l'été, Mlle Lamerlière et son costume chez les époux Carra, de la porte de France, au premier bruit de l'apparition de la Salette se remémorant la bergère des Alpes et son costume féerique et son langage bizarre, pressentant que l'apparition du 19 septembre était son ouvrage, s'était rendu à Corps avec son épouse et la sacristaine de Rives, bourg qui a fourni un missionnaire à la Salette, et avait gravi la montagne ; au retour, il avait, *avec la permission préalable et déjà nécessaire de M. Mélin, curé de Corps*, pénétré dans le couvent qui renfermait les deux bergers, avait conversé avec eux une demi-heure, leur avait fait répéter leur leçon, *mal apprise encore* (observation qu'il avait eu soin de leur faire) ; était revenu chez M. le curé Mélin, et là, en présence de quelques personnes qui lui sont parfaitement connues, et notamment de M. Long, suppléant du juge-de-paix, avait dit à cet ecclésiastique : « Vous » recherchez le bien de la religion, je vous souhaite succès, » mais voilà ce que j'ai vu, ce que j'ai entendu à Grenoble, de

» la bouche de Mlle Lamerlière ; je crains bien que cette mys- » tification ne soit découverte un jour, et ne soulève plus tard » orage et tempête. »

Dès le mois de novembre 1846, un des principaux habitants de la Salette prononçait chez un avoué de Grenoble, en présence de son maître-clerc, M. Manuel, le nom de Mlle Lamerlière comme celui de l'héroïne du 19 septembre, chose bien connue, ajoutait-t-il, dans leurs localités.

Dans les premiers jours de décembre 1846, Maximin était avec son père sur la route de la Salette à Corps ; le conducteur de la diligence les recueille l'un et l'autre. Maximin trouve dans la voiture quelques voyageurs qui l'interrogent sur la grande nouvelle dont il est le héraut ; il répond par son récit habituel, mais il balbutie beaucoup sur l'enlèvement de la dame au ciel. — Sa leçon n'était pas bien apprise encore. — Les nuages, comme cela arrive fréquemment dans ces montagnes, étaient poussés par le vent, et souvent les voyageurs perdaient de vue un objet duquel ils n'étaient séparés que par un nuage assez épais. L'un d'eux, M. le négociant Filiole, le fait remarquer à Maximin en lui disant : « Tu te trompes, sans doute, mon en- » fant, la dame a dû disparaître à tes regards comme cette mai- » son va disparaître aux nôtres ; vois le nuage qui s'avance et » va la couvrir. » Maximin rougit. Pressé par une deuxième question, il balbutie et finit par avouer que cela est vrai : « Pour- » quoi le déguiser, lui dit gravement M. Filiole, pourquoi men- » tir ? » — « On m'a bien recommandé à l'école de Corps de » dire comme ça et jamais comme c'était vrai. » Telle fut la réponse du berger.

Enfin, dès les premiers jours de décembre 1846, M. Berthier, vicaire-général, avait vu arriver chez lui Mme de Monière, femme très-respectable par sa piété et son caractère : elle était triste et abattue. M. Berthier lui en demande la cause. Il est atterré par la réponse qu'il reçoit : « Cette folle de Constance (prénom de » Mlle Lamerlière) ne vient-elle pas de me dire que c'était elle » qui avait apparu aux bergers de la Salette ? »

Pendant que ces divers incidents se produisent en dehors de Mlle Lamerlière, elle reprend sa vie nomade ; elle porte ses pas tantôt d'un côté, tantôt de l'autre, mais toujours elle est sous l'empire de son idée fixe ; elle ne parle que de la Salette et du Fils de Dieu : une crèche, un enfant Jésus forment presque tout son bagage et sont la source intarissable de ses prédications et de ses chants.

1848 la ramène à Grenoble. Elle se loge d'abord à Saint-Laurent, puis à l'hôtel de l'Ancien-Gouvernement; là elle réunit autour de sa crèche, ouvriers, militaires, jeunes gens des écoles, leur donne des représentations, leur fait chanter des cantiques en compagnie d'un chœur de chanteuses qu'elle a façonnées pour sa crèche, les pérore et les sermonne au nom et avec l'autorité de la mère de Dieu, jusqu'au moment où la police intervient, interdit ses réunions et met fin provisoirement à sa mission céleste.

Un club politique se réunit sous la Halle. Mlle Lamerlière y figure au premier rang ; elle monte à la tribune, elle prend part aux débats, elle provoque des applaudissements, elle se laisse porter en triomphe, sur une charrette traînée à bras d'hommes; puis, escortée par de nombreux admirateurs, elle parcourt la ville au bruit de chansons religieuses et patriotiques, se rend avec la foule qui l'environne au pied de l'arbre de la liberté, malgré une pluie battante, là, s'arrête, et quoique quelques mauvais plaisants l'éclaboussent à dessein et couvrent ses vêtements de boue, elle continue ses chants, harangue, et proclame l'alliance désormais indissoluble de la religion et de la liberté.

Plus tard, elle se rend au Cours, un dimanche, et en plein air, sous les yeux d'un public nombreux, elle partage avec MM. les abbés Didon et Gallois les honneurs d'une longue discussion religieuse.

A Cras, elle fait disposer dans son domicile une crèche ; elle inscrit au-dessus de la porte : AU MODERNE BETHLÉEM ; elle appelle à elle les habitants du village et des villages voisins pour chanter avec eux et les convertir... à sa crèche et à la Salette.

Elle se rend dans tous les villages d'alentour ; les places publiques, les champs, les chemins, les maisons, les granges, les cabarets, tous les lieux lui sont bons ; elle fait même, sans trop d'efforts, violence à ses goûts, et consent à boire avec tous ceux qui lui permettent de prêcher et de chanter... sa crèche et la Salette.

Ici je n'ai pas de témoins à nommer ; la ville entière de Grenoble, celle de Tullins, les bourgs et villages voisins ont tous vu à l'œuvre Mlle Lamerlière ; ce que je dis est de notoriété publique, je me trompe, de notoriété universelle.

Mais suivant les lieux où elle est et les diverses circonstances dans lesquelles elle se trouve, elle est appelée à renouveler l'aveu qu'elle avait déjà fait en 1846 à Mme de Monière, — que l'apparition de la Salette est son ouvrage, — que le costume de la dame de la montagne est en sa possession, dès avant le jour de l'apparition.

En 1848, elle le confesse à la famille Carra, de Grenoble, et successivement à la famille Allard, à deux personnes encore très-connues de MM. Genevey et Cartellier, curés à Grenoble. A Cras, à Tullins, à Saint-Marcellin, elle fait la même confidence à diverses personnes, entre autres aux familles Jacquin, Vial, Vachon, etc. Ce dernier, voyageant avec elle le 20 janvier 1855, lui rappelle tous les détails de cette confidence dans la voiture de Tullins, en présence de six voyageurs.

Voici un aveu plus significatif que tous les autres.

Le 11 janvier 1855, une réunion d'ecclésiastiques a lieu chez l'aumônier de Sainte-Ursule, à Grenoble; MM. les chanoines Rousselot, Revol, Gay, Gillos, M. Valgalier, jésuite, et M. Saunier, desservant de Saint-Martin-lès-Grenoble, en font partie. M. Rousselot est vivement pressé par ses confrères d'assigner correctionnellement M. Pelletan, du *Siècle*, qui l'expose à la risée publique par le ton dégagé avec lequel il parle de lui dans les articles qu'il publie sur le miracle de la Salette. Il hésite longtemps, enfin il paraît céder, et tout-à-coup il recule écrasé par la révélation suivante que lui fait publiquement le P. Burnoud, supérieur des missionnaires de la Salette : « J'ai eu plus » d'un entretien avec Mlle Lamerlière. Cette femme est très- » excentrique ; si on veut la diriger, elle vous échappe ; si on » l'abandonne à elle-même, elle est très-compromettante ; je » tiens de sa bouche que c'est elle seule qui a fait l'apparition » de la Salette. »

Cette révélation maladroite fut un coup de foudre. Le *Siècle* n'a pas été poursuivi ; comment pourrait-il l'être après un semblable aveu, qui n'apprenait rien de neuf à M. Rousselot, mais qui était désormais à la discrétion de cinq personnes? [1]

[1] Cette révélation de M. le missionnaire Burnoud est connue à Grenoble, elle fait bruit ; on suppose qu'elle a été rendue publique par M. le chanoine Gillos, qui est allé passer quelques jours à sa campagne de Viriville ; sans lui donner le temps de revenir, on lui écrit pour lui reprocher, non pas d'avoir trahi la vérité, mais d'avoir commis une indiscrétion compromettante en divulguant ce fait.

Les partisans de la Salette seront-ils assez ingénieux pour pouvoir

L'essentiel était d'en arrêter la divulgation ; et si malgré toutes les précautions prises cette divulgation avait lieu, il importait d'en paralyser les suites.

Dès le lendemain, une réunion a lieu chez un chanoine logé presque aux portes de l'évêché ; on délibère, on adopte, comme mesure première, le silence sur l'évènement de la veille, mais comme on ne peut pas garantir que tous les témoins abdiqueront leur conscience au point de protéger par leur silence une jonglerie désormais connue, on arrête, sur la proposition de M. l'abbé Saunier, qu'on fera passer Mlle Lamerlière pour une folle, son propos pour un propos en l'air.

Ce moyen n'était ni *sot*, ni *niais*, il était misérable.

A quelques jours de là, Mlle Lamerlière est conviée à un souper d'amis chez M. Lacroix, négociant de Grenoble. Sur l'invitation de ses joyeux convives, elle va chercher, elle revêt le costume, elle renouvelle le personnage de la dame de la Salette.

Quelque temps auparavant, elle discourait avec un fonctionnaire de Grenoble qui se disait très-disposé à croire à la Salette, mais qui éprouvait un scrupule à l'endroit du costume de la dame sur lequel les auteurs et pères de la Salette ne pouvaient pas s'accorder. — Je puis vous éclairer, lui répond Mlle Lamerlière, et faire disparaître votre scrupule : le costume de la dame était tel que je vais vous le décrire (suit la description). — Voilà votre avis, lui dit à son tour le fonctionnaire. il est conforme à celui de plusieurs membres de l'évêché, mais il est en opposition avec celui de plusieurs autres, et je ne comprends pas ce désaccord entre eux. — Les premiers sont dans le vrai, réplique Mlle Lamerlière, et personne ne le sait mieux que moi, car j'ai encore mon costume de la montagne, et je suis prête à vous le faire voir, vous jugerez par vous-même.

Cet aveu naïf opéra la *conversion* du fonctionnaire, qui en fit part à ses amis et déplora souvent avec eux l'aveuglement des partisans de la Salette.

Quelques habitués du café Aurillac, rue Vieux-Jésuites, à Grenoble, rappellent à Mlle Lamerlière que d'après le mandement doctrinal du 4 novembre 1854, elle ne peut pas, à raison de son embonpoint, avoir gravi la montagne et par conséquent

paralyser les conséquences fatales de cet aveu écrit maintenant de leur propre main?

être l'héroïne de la Salette. A l'instant même, Mlle Lamerlière riant de cet argument, repose tout son corps sur son pied droit, reporte le pied gauche en arrière, le buste et les bras en avant; puis, le nez et la poitrine au vent, elle prend et conserve la pose immobile de la Renommée, jusqu'au moment où les interlocuteurs stupéfaits s'inclinent en lui disant : C'est assez, le mandement est vaincu.

Le 19 septembre 1855, l'anniversaire de l'apparition est célébré sur la montagne de la Salette par Mgr Ginoulhiac, évêque de Grenoble. Mlle Lamerlière y est avec le prélat; elle prouve, par le fait, qu'elle a pu y être neuf ans plus tôt.

Inutile de parler ici de quelques autres aveux de Mlle Lamerlière, venons de suite à une révélation capitale.

Il était naturel qu'elle utilisât son séjour à Grenoble en se mettant en rapport soit avec l'évêque, soit avec MM. Rousselot et autres pères de la Salette; elle ignorait le certificat de folie qu'on avait résolu de lui décerner d'après l'avis de M. l'abbé Saunier; elle allait donc chaque jour frapper à la porte de l'évêché, du grand séminaire, des vicaires-généraux. Cette porte enrouillée refusait de tourner sur ses gonds pour lui donner entrée; deux fois seulement elle avait réussi à pénétrer jusqu'à l'évêque, et à peine avait-elle échangé quelques mots, qu'une visite inattendue, une réunion improvisée, réclamaient le prélat : force était à Mlle Lamerlière de partir comme elle était venue.

Elle prend le parti d'écrire, et, fin février 1855, elle formule toutes ses plaintes dans une lettre que j'ai lue, qu'elle avait remise en main propre à Mgr Ginoulhiac et qu'elle terminait en demandant au prélat si « l'abandon auquel il la condamne, le » délaissement qu'il lui inflige sont, doivent être la récompense » des quelques mois de privations, de fatigues, de sacrifices » qu'elle s'était imposés, pour l'intérêt de son diocèse, dans les » montagnes des Alpes. »

J'ai dit Mlle Lamerlière, l'étrangeté de son costume préparé dès le printemps de 1846, parfaitement conforme à celui de la dame de la Salette, et à raison de ses bigarrures et de sa couleur jaune, à raison surtout de sa croix, de ses tenailles et de son marteau, sans aucun rapport avec ceux que la piété publique a consacrés à la sainte Vierge; j'ai dit le titre de *Bergère des Alpes* qu'elle prenait *avant* l'été de 1846 pour l'accomplissement, dans les montagnes, de son projet à grand retentissement; j'ai dit ses voyages et sa présence dans les Alpes avant le 19 septembre 1846 ; j'ai dit le langage impie et ignoble que lui prêtent les deux bergers de la montagne le jour de l'apparition, 19 septembre 1846 : ses aveux depuis les jours qui suivirent cette prétendue apparition jusqu'en février 1855 ; j'ai dit une faible partie des témoins qui l'ont vue, qui l'ont entendue, qui l'ont suivie dans toutes les phases de cette scène étrange. Jamais détails d'une biographie n'ont reposé sur des preuves plus positives, plus irrécusables, sur des témoignages plus péremptoires et plus nombreux. Il est impossible dès lors, à moins d'abjurer le sens commun, de séparer la dame de la Salette et Mlle Lamerlière ; aussi le jugement du tribunal, à la date du 2 mai 1855, consacre-t-il, au fond, leur identité. Il est impossible encore, à moins d'abjurer la foi de l'Evangile, d'attribuer à la sainte Vierge le langage anti-évangélique et anti-chrétien de la dame de la Salette, tel que le rapportent les deux bergers et *que nous l'avons analysé dans notre précédent entretien.*

L'instituteur. — Il n'est pas étonnant, après tous ces détails, que le jugement d'un tribunal saisi de cette question, l'ait tranchée contre Mlle Lamerlière. Comment pourrait-on encore conserver quelque doute en présence de tous ces faits et de tous ces aveux ? Je m'empresse de retirer l'expression blessante dont je m'étais servi dimanche dernier ; loin d'être un blagueur, votre abbé est un prêtre de conviction et de courage; comme vous nous le disiez fort bien, il serait à désirer que tous lui ressemblassent, nous ne serions pas exposés à entendre prêcher des miracles faux, nuisibles à la religion et propres seulement à nourrir, à développer l'esprit irréligieux de notre siècle.

Théophile. — Vous signalez un danger trop réel ; mais ce danger vient des hommes, la religion vient de Dieu, et Dieu ne laissera pas plus périr son œuvre sous les coups de la fausse piété que sous ceux de l'impiété la plus délirante.

Je vous ai dit dimanche dernier, à propos des deux mots *année prochaine* qui fixaient l'époque à laquelle devaient s'accomplir les promesses ou les menaces de la dame de la Salette, que, sans les convenances dues au rang ecclésiastique de ses apôtres, on pourrait dire d'eux qu'ils se sont joués de Dieu et des hommes ; je vous apporte mes preuves !

Prenez le rapport de la commission des théologiens (*Vérité sur l'évènement de la Salette*), n'oubliez pas que ce livre est l'ouvrage d'un évêque, de ses vicaires-généraux, de ses chanoines, du supérieur de son grand séminaire et de tous les curés de sa ville épiscopale, c'est-à-dire des prêtres qui doivent être les plus distingués par leurs talents et par leurs vertus : n'oubliez pas que ce livre est la base sur laquelle repose le miracle de la Salette, qu'il a été signalé par le mandement de l'évêque de Grenoble, comme le rapport *consciencieux* et *impartial* de théologiens *graves, pieux et instruits*. Tous les détails essentiels qu'il renferme doivent être l'expression de la vérité la plus exacte; s'il en est autrement, si ses auteurs ont menti par calcul, avec intention, n'est-on pas en droit de dire qu'ils se sont joués de Dieu, en abusant de leur autorité pour l'associer de force à leur mensonge ; qu'ils se sont joués des hommes, en abusant de leur autorité et de leur position officielle pour accréditer, pour imposer un miracle qu'ils savaient être faux, pour exploiter, chaque année dans des proportions effrayantes (250 ou 300,000 fr.), la bourse des chrétiens qu'ils trompent par leur mensonge encore?

Ouvrez ce livre aux pages 59 et 60, lisez à haute voix les parties que j'ai soulignées ; les autres n'ont pas une importance majeure et n'auraient d'autre résultat que de nous prendre beaucoup trop de temps.

L'instituteur. — Voici les parties soulignées :

« Le récit que nous donnons ici est plus exact et plus com-

» plet que ceux qui ont été publiés jusqu'ici. Il renferme TEXTUELLEMENT ce que les enfants ont dit *dès le premier jour*, ce qu'ils » ont dit depuis à des milliers de personnes. Ils le redisent au» jourd'hui comme *une leçon apprise*, mais leurs parents, mais le » maire de la Salette, M. Pierre Peytard, mais les habitants de » Corps et de la Salette ainsi qu'un grand nombre d'ecclésias» tiques et de personnes distinguées étrangères à la localité, » assurent tous que, DÈS LE COMMENCEMENT, les enfants ont dit les » mêmes choses, sinon avec la même facilité et la même volubi» lité, du moins SANS VARIER JAMAIS NI POUR LE FOND, NI MÊME » POUR LES EXPRESSIONS, qu'ils aient été interrogés séparément » ou simultanément.

» NOUS AVONS SOUS LES YEUX les premières relations manu» scrites faites par des personnes de mérite et dignes de toute » confiance ; et ces relations PROUVENT JUSQU'A L'ÉVIDENCE que les » petits bergers n'ont RIEN AJOUTÉ, RIEN RETRANCHÉ PAR LA SUITE, » à ce qu'ils ont dit DÈS LE COMMENCEMENT. »

Théophile. — Après une déclaration aussi expresse et aussi spontanée, on a le droit de considérer comme un fou celui qui mettrait en doute l'exactitude de la reproduction du discours de la dame de la Salette, et par conséquent la loyauté et l'honneur des signataires.

L'instituteur. — Assurément, car si cette déclaration n'était pas *vraie de toute vérité*, ses signataires seraient les ennemis les plus systématiques de la religion, ils seraient les corrupteurs les plus dangereux de la morale publique. Et qui oserait s'arrêter à une pensée semblable par rapport à des hommes revêtus d'un caractère sacré et élevés aux premiers rangs de la hiérarchie ecclésiastique ?

Théophile. — Le sentiment que vous exprimez est fort légitime ; parcourez attentivement le discours de la bergère, reproduit par le rapport, immédiatement avant la déclaration dont vous venez de nous donner lecture, et celui du berger reproduit par le même rapport à la page 64. Répondez ensuite à ces deux questions :

1° Trouvez-vous la désignation de *l'année prochaine* pour l'accomplissement des promesses ou des menaces de la dame de la Salette?

2° Quelles sont les récoltes dévouées par cette dame à l'anéantissement ou à la pourriture, si on ne se convertit pas?

L'instituteur. — Il n'est pas du tout question de l'année prochaine dans ces deux discours. — Les récoltes menacées sont le blé, les pommes de terre, les raisins et les noix.

Théophile. — Vous avez lu très-sérieusement, vos réponses sont exactes; ce que vous aurez de la peine à croire, ce qui est très-vrai cependant, c'est que ce discours devait contenir les deux mots *année prochaine*, ne devait pas contenir les mots *raisins et noix*. Les deux premiers ont été retranchés par calcul et ils se trouvent dans toutes les premières relations déposées à l'évêché. Les deux derniers ont été ajoutés par calcul, aussi ils ne se trouvent dans aucune de ces premières relations; et cependant en commettant cette double infidélité, les signataires de la déclaration que vous nous avez lue affirment qu'ils ont sous les yeux ces premières relations et qu'elles sont *textuellement conformes, pour le fond comme pour les expressions*, à celle qu'ils impriment et qu'ils répandent dans l'univers entier, en ayant grand soin de garder par devers eux les premières et de rendre par là toute confrontation impossible.

Qu'est-il advenu? Cet abbé que vous avez pris un instant pour un blagueur a trouvé le moyen de se procurer toutes ces relations, il se les est procurées par les soins d'un vicaire-général et d'un curé, membres l'un et l'autre de la commission des théologiens de 1847; il a signalé dans un ouvrage très-sérieux (*la Salette devant le Pape*) cette double infidélité. L'évêque de Grenoble a cru devoir atténuer la portée de cette révélation, il a publié un mandement doctrinal le 4 novembre 1854, c'est-à-dire six ans après la publication du rapport de la commission et du discours de la dame qui y est introduit comme la reproduction *invariable dans le fond et dans les expressions* de celui que donnent toutes les relations premières ; ce mandement que voici, constate à la page 45, ligne 46, qu'il est élaboré de concert avec les chanoines et les vicaires-généraux, auteurs de la déclaration qui atteste cette reproduction *invariable* ; et à la page 9 de ce mandement, je lis :

« Si maintenant nous examinons à l'aide d'une saine
» critique les variantes que nous avons signalées, il *peut*
» *se faire* que les mots l'*année prochaine eussent dû*
» *être conservés* dans la relation *définitive*. »

Combien d'aveux dans ces quatre lignes !

En 1848, évêque, vicaires-généraux, chanoines, ont dit que le discours qu'ils reproduisent a été *invariable* sous leur plume. — En 1854, ils avouent que ce discours a *varié* sous leur plume.

En 1848, ils en retranchent les mots *année prochaine*. — En 1854, ils avouent que ces mots *eussent dû être conservés*.

En 1848, ils affirment que leur relation est la reproduction textuelle de toutes les premières qu'ils ont sous les yeux, qu'elle n'a subi ni *addition*, ni *retranchement*. — En 1854, ils avouent que cette relation est leur relation *définitive*, c'est-à-dire, étudiée, concertée, arrêtée, à laquelle, dès lors, il n'y a plus de changement à faire.

Définitive ! Le mot est écrit de leur main ; il l'est dans un mandement doctrinal ; il l'est huit ans après l'apparition. Ils savaient donc, dès le commencement, que cette relation n'était pas le texte *pur* du langage de la dame de la Salette ; que cette dame, dès lors, n'était pas la sainte Vierge. Car quel terme assez énergique pourrait flétrir l'impiété d'une commission de prêtres, dignitaires du clergé, remplissant un mandat sacré et s'oubliant, jusqu'à altérer, par calcul, un langage qu'ils croiraient venir de Dieu ?

Leur aveu dit tout, et comme s'il n'avait pas suffi, voilà que M. Rousselot, le principal rédacteur du rapport de la commission, vient au mois de juin 1855, en écrire un plus significatif encore.

Il publie sous le titre : *Apparition de la sainte Vierge à la Salette*, le petit opuscule que vous voyez. Il professe sur les mots *année prochaine* cette singulière théorie, pages 18 et 19.

« Quelques-unes des menaces de la sainte Vierge regardent » l'année même de l'apparition. D'autres regardent des temps » plus éloignés. »

Pour prouver sa théorie, il consacre deux pages à louer les mesures prises par le gouvernement français, à l'occasion des céréales et à l'occasion du choléra de 1852.

Ainsi, l'apparition de la Salette a lieu le 19 septembre 1846, la dame de l'apparition fait des menaces qui, selon elle, et d'après l'aveu tardif de M. Rousselot, doivent s'exécuter *l'année prochaine*. Vous croyez qu'il s'agit de l'année 1847, la seule qui soit *prochaine* par rapport à 1846 ; détrompez-vous, d'après M. Rousselot, il s'agit de 1846 d'abord, puis de 1848, de 1852, de toutes les années à venir : une seule est exceptée, en langage de Salette, c'est celle de 1847.

L'instituteur. — C'est vraiment à ne pas y croire, car l'absurde ici le dispute à la mauvaise foi, mais l'absurde comme la mauvaise foi sont avoués par les apôtres de la Salette, ils se sont jugés eux-mêmes. Font-ils des aveux aussi maladroits par rapport aux deux mots *raisins et noix* intercalés dans le discours de la dame?

Théophile. — Sur ce point, ils sont plus maladroits encore.

L'apparition de la Salette a eu lieu le 19 septembre 1846; sur-le-champ les deux bergers ont été enlevés de la montagne et enfermés comme pensionnaires dans l'école des religieuses de Corps (bourg contigu à la Salette). Cette école était dirigée par sœur Thècle, ancienne élève de Mlle Lamerlière, qui elle-même est une ancienne élève de M. Rousselot. Personne ne pouvait leur parler sans l'autorisation de cette religieuse et du curé de la paroisse, M. Mélin, ancien vicaire de M. Gerin, curé de la cathédrale de Grenoble et vicaire-général.

Cette apparition avait été annoncée du haut de la chaire le 20 septembre 1846 par le curé de la Salette.

Le 22 septembre, elle avait été annoncée par l'évêque de Grenoble à plus de 400 religieuses institutrices des divers villages de son diocèse, qui étaient en ce moment réunies pour leur retraite annuelle.

Cette retraite finissait le 22 septembre, et dès le soir même chaque religieuse regagnait son village, réunissait ses élèves et leur annonçait la grande nouvelle qu'elle apportait de la part de son évêque.

Les enfants la redisaient à leurs parents, et il n'était bruit dans ce diocèse de 600,000 âmes, que de l'apparition du 19 septembre 1846.

Un certain nombre d'ecclésiastiques avaient eu la curiosité de se rendre à la Salette et d'interroger les deux bergers; quelques-uns avaient consigné leur langage dans des lettres ou rapports qu'ils avaient expédiées à l'évêché. — Ces lettres ou rapports sont les premières relations de cet évènement.

Soumises, dès le mois de novembre 1846, à deux commissions de théologiens (l'une composée des chanoines, l'autre des professeurs du grand séminaire), elles sont repoussées avec une mauvaise note, le miracle est rejeté, *l'évêché n'a pas à intervenir*.

C'est M. Rousselot qui nous révèle ce dernier détail dans son deuxième livre. (*Nouveaux documents sur la Salette*, p. 14, 15 et 16.)

Aucune, absolument aucune de ces relations ne parle *de raisins ni de noix*.

La commission de théologiens de 1847 mentait donc dans la déclaration que l'instituteur nous a lue, en affirmant que ces *premières relations qu'elle avait sous les yeux* parlaient de raisins et de noix.

Comment a-t-elle été amenée à introduire elle-même dans le discours de la dame de la Salette, les raisins et les noix? Comment et pourquoi cette troisième commission de théologiens a-t-elle été instituée un an après les deux premières qui avaient rejeté l'apparition de la Salette?

Le travail de ces deux premières commissions avait été terminé le 15 décembre 1846. Depuis lors, M. Rousselot, qui avait fait partie de toutes les deux en sa double qualité de chanoine et de professeur au grand séminaire, et qui avait rejeté le miracle comme elles et avec elles, avait été mis à une rude épreuve. Successivement libraire, fondateur d'un hôtel-restaurant, d'un cercle littéraire à journaux et à jeux, d'une bibliothèque publique, il avait contracté des dettes assez rondes, et poursuivi par divers fournisseurs, il avait subi plusieurs jugements avec contrainte par corps. Dans cette pénible situation, il s'était adressé à un chanoine-secrétaire de l'évêché qui avait consenti à lui prêter une forte somme, mais sous la condition que cette somme serait garantie par les chanoines et par M. Gerin, curé de la cathédrale. Cette condition avait été obtenue.

Au mois d'avril 1847, M. Gerin observe à M. Rousselot qu'il a eu tort de laisser tomber le miracle de la Salette par suite du rapport défavorable des deux commissions de 1846, que ce miracle lui aurait fourni matière à divers ouvrages que l'évêque aurait recommandés, que ces ouvrages vendus en très-grande quantité lui auraient ménagé des bénéfices à l'aide desquels il aurait payé ses dettes.

Dès le mois suivant, M. Mélin, ancien vicaire de M. Gerin, et curé de Corps, village dans lequel est établie l'école qui renferme les deux bergers de la montagne, adresse à l'évêché une lettre curieuse. Il regrette les belles apparences des récoltes qui avaient été menacées par les prédictions de la dame de la Salette (*le blé et les pommes de terre*) ; mais il glisse au bout de sa plume que les deux bergers se rappelant mieux les menaces de la dame, les étendent *aux raisins et aux noix*.

Cette lettre prouve déjà que dans la pensée de M. Mélin les menaces proférées par la dame de la Salette, le 19 septembre 1846, portaient fort bien sur l'année 1847 et ne portaient que sur le blé et sur les pommes de terre. Cette lettre est, au fond, une inscription en faux contre la déclaration de la commission de 1847, et contre le discours de la dame, qu'elle a représenté comme la reproduction *textuelle* des premières relations.

Aussitôt cette lettre reçue, un des secrétaires de l'évêché, M. Morel, surpris de cette introduction de contrebande *des raisins et des noix* qui ne figuraient dans aucune des premières relations qu'il avait sous la main, se rend avec son collègue, M. Auvergne, auprès de

M. le chanoine Chambon et de trois autres prêtres, pèlerins de la Salette en 1846 et auteurs de quelques-unes des premières relations. Il demande si les bergers leur ont parlé *de raisins et de noix ;* et il reçoit cette réponse très-catégorique : « Non ! ils n'en ont pas parlé du » tout. »

Au mois de juin, un haut dignitaire de l'académie de Grenoble, M. Boyer, homme de science et de conscience, est à Corps; il voit les deux bergers, les interroge sous les yeux de la religieuse à laquelle on les a confiés, sœur Thècle, élève de Mlle Lamerlière, et leur demande ce que la dame leur a dit sur la montagne.

Les bergers débitent leur leçon en véritables perroquets, leur volubilité étonne le vieux professeur qui, sur-le-champ, leur adresse cette question : « Vous rap» pelez-vous tous ces détails, avec autant de précision, » depuis le jour de l'apparition ? — Oh ! non, répond » le berger. — Comment donc vous y êtes-vous pris » pour rappeler vos souvenirs ? — C'est M. le curé, dit » encore le berger. »

Ce curé que désigne le berger est précisément M. Mélin, auteur de la lettre dont je viens de vous parler.

L'instituteur. — Veuillez me permettre une question qui est loin d'être oiseuse. Les bénéfices que M. Rousselot a retirés de la vente de ses livres ont-ils été considérables ? M. Mélin a-t-il eu quelque intérêt dans toute cette affaire ? A-t-il continué à s'en occuper ?

Théophile. — Les livres de M. Rousselot ont été expédiés sous le couvert de son évêque à tous les évêchés, séminaires, établissements religieux de la France et du monde, ils se sont débités par milliers, les bénéfices ont soldé toutes ses dettes, et par conséquent affranchi toutes ses cautions.

Quant à M. Mélin, il a expédié de l'eau de la Salette en assez grande quantité pour avoir déjà gagné, en 1850, plus de 40,000 fr. C'est lui-même qui l'a déclaré à l'évêque de Gap; aussi a-t-il partagé avec M. Rousselot et M. Gerin le privilége de concerter les mesures captieuses qui ont été prises pour étouffer la lumière, dès qu'un incident menaçait de la produire. — Je ne veux pas anticiper sur ces détails, ils viendront à leur date et à leur place naturelle.

L'instituteur. — Il est facile de comprendre maintenant que si en 1847 M. Rousselot n'avait pas eu des embarras pécuniaires dont il ne put s'exonérer que par la signature de M. le curé Gerin et des chanoines de Grenoble, la Salette ne se serait pas relevée des coups que lui avaient portés les deux commissions de 1846; mais une chose est déplorable en tout cela, c'est que ce *miracle humain*, imposé à l'univers par voie d'autorité, ne soit en réalité qu'une intrigue et une spéculation. Quelle foi pouvons-nous ajouter à tous les autres miracles qu'on nous prône et qui ont vu le jour depuis la mort des apôtres?

Théophile. — Le moment de répondre à votre dernière question n'est pas venu encore; vous comprendrez mieux la justesse de votre première observation lorsque vous saurez que la commission de 1847 a été composée en majorité des prêtres qui avaient cautionné les dettes de M. Rousselot, qui, dès lors, n'étaient pas désintéressés dans la question. — Mais, finissons-en d'abord avec la déclaration menteuse de cette commission et les menaces qu'elle met dans la bouche de la dame de la Salette, par rapport *aux raisins et aux noix*, contrairement à toutes les premières relations qu'elle copie et qui n'en parlent pas.

Je vous ai dit que les aveux des apôtres de la Salette

avaient été plus maladroits sur ce point que sur la suppression des mots *année prochaine*. Jugez vous-même si cela n'est pas.

Dans le mandement qu'ils ont concerté avec leur évêque le 4 novembre 1854, ils invoquent la copie d'une je ne sais quelle relation qui aurait eu pour auteur un nommé Selme, villageois de la Salette. Cette copie, due à la plume d'un M. Lagier, natif de Corps et curé à Saint-Pierre-de-Cherennes, village situé à 40 lieues de Corps, parle en effet de raisins et de noix ; elle porte la date du 28 février 1847, et le titre burlesque que voici : *Lettre dictée par la sainte Vierge à deux enfants sur la montagne de la Salette Fallavaux.*

Le mandement déclare que cette relation ou lettre est plus complète que toutes les autres, parce que, *outre le français, elle contient le patois*. Je lis cette raison alléguée sérieusement à la page 9 de ce mandement doctrinal.

D'abord, on n'a pas le droit d'invoquer l'autorité exclusive de cette relation sur un détail étranger à toutes les autres sans l'invoquer également sur les détails qui lui sont communs avec elles. — Je lis dans cette relation Selme-Lagier les mots *année prochaine*, répétés trois fois comme ils le sont dans toutes les premières relations ; sur ce détail, on ne lui accorde pas plus de valeur qu'à toutes les autres, on la rejette.

Je cherche dans cette relation encore un mot, un seul mot qui indique l'existence d'un secret livré par la dame aux bergers ; ce mot ne s'y trouve pas. — Sur ce point encore on la rejette, puisque les apôtres de la Salette invoquent ce secret comme la preuve la plus concluante que la dame de l'apparition est la sainte Vierge.

Rejetée sur deux détails qui lui sont communs avec les premières relations que les apôtres de la Salette ne craignent pas de tronquer, elle est invoquée par eux sur un détail qui lui est exclusivement personnel — *la maladie des raisins et des noix.*

Mais si elle est sans valeur sur des points qui sont un fait avéré, connu de tout le monde, avoué aujourd'hui par les apôtres de la Salette, quelle valeur peut-elle avoir sur un point ignoré de tout le monde, inconnu à toutes les premières relations, et sur lequel viennent jeter une triste lueur : d'une part, le conseil donné en avril 1847 à M. Rousselot par M. le curé Gerin ; d'autre part, la lettre de M. Mélin à l'évêché (mai 1847), et les souvenirs de la montagne qu'il rappelle aux deux bergers placés sous sa tutelle à l'école de sœur Thècle, l'élève de Mlle Lamerlière ?

Aussi, quand on publie cette relation *amphibie*, Selme est plein de vie, on se garde bien de la lui soumettre, de lui demander sa signature. Il n'aurait pas voulu, ou il n'aurait pas osé la donner, dans la crainte de se faire rire au nez ou de se faire faire les cornes par les habitants de son village et du bourg de Corps qui tous avaient parlé avec les deux bergers, et n'avaient jamais entendu sortir de leur bouche les mots *raisins et noix ;* de telle sorte que pour croire à la vérité de cette relation, il faut admettre que les deux bergers, après avoir parlé à Selme *de raisins et de noix*, ont eu la singulière distraction de ne plus en dire mot à qui que ce soit pendant plus de huit mois et tant que les leçons de l'école n'avaient pas refait leurs souvenirs.

Vous avouerez que tout cela est absurde.

Ce qui est plus qu'absurde, le voici :

Deux d'entre vous ont eu, il y a six mois, un an, une contestation sur un objet insignifiant. Il ne s'agit pas d'une valeur de plus de... 10 centimes, vous me prenez pour arbitre et vous vous soumettez à ma décision. L'un de vous a raconté le fait à un de ses amis qui demeure au pays, il me présente la copie, faite par une tierce personne qui est à son service, de la relation attribuée à l'ami qui a reçu votre confidence ; rien ne m'est plus facile que de voir cet ami, de l'interroger, de lui soumettre la copie que vous me remettez. Je ne fais rien de tout cela, et sur la vue de cette copie, je condamne votre adversaire. Que pensez-vous de ce jugement ?

L'instituteur. — Un honnête homme n'agit jamais de la sorte.

Théophile. — C'est cependant ainsi qu'ont agi les apôtres de la Salette. L'abbé Lagier est à leur service, il est natif de Corps, sa famille s'engraisse des produits du pèlerinage, et sur la vue de sa copie dont on a soin de cacher l'existence à tout le monde, on édite un miracle, c'est-à-dire, on traite Dieu avec une légèreté qu'aucun juge ne se permettrait à l'égard d'un homme et dans une contestation du plus chétif intérêt.

Aussi, avez-vous remarqué cette phrase que je vous ai lue dans le mandement et qui sans doute a fait rire dans sa barbe celui qui l'écrivait. La relation Lagier est plus complète, parce que, *outre le français, on y trouve le patois*. Mais le patois ne dit pas autre chose que le français, il ne dit rien de plus, rien de moins, n'importe ! Cette relation est la plus complète, absolument comme l'habit d'un arlequin est plus complet que les nôtres, quoique comme eux il ne couvre qu'un corps ; mais composé de pièces et de morceaux de différentes couleurs, il a du moins le privilége de faire rire.

Une raison semblable s'indique, elle ne se discute pas.

En voilà, je pense, assez pour aujourd'hui; désormais nous irons plus rapidement ; nous n'aurons en quelque sorte que des faits à énumérer, et ils seront aussi tristement curieux que tout ce que nous avons dit, tant il est vrai que l'homme ne porte jamais impunément la main sur les œuvres dont Dieu s'est réservé le secret !

CHAPITRE VI.

Théophile poursuit, en l'appuyant de preuves, l'énumération des voies et moyens pratiqués par les apôtres de la Salette, pour tromper le public et faire accepter leur spéculation. — Il signale les guérisons miraculeuses qu'ils ont inventées. — Il révèle la profondeur de leur science théologique.

Les apôtres de la Salette ont trouvé le premier châtiment de leur faute dans le motif même qui la leur a fait commettre. Ecrire des livres et les débiter au monde entier sous la protection de l'évêque, pour solder des dettes personnelles à M. Rousselot, mais qui étaient devenues en réalité dettes communes, par la garantie des chanoines et de M. le curé Gerin, tel est, vous vous le rappelez, le *principe* qui a décidé la résurrection de la Salette. Pour obéir à ce principe et en assurer le succès, M. Rousselot a écrit, beaucoup écrit ; MM. les chanoines Chambon, Orcel, Bouvier ont écrit aussi ; M. le curé Gerin et son ancien vicaire, M. Mélin, curé de Corps, ont écrit de leur côté ; on leur a laissé dire tout ce qu'ils ont voulu, tant qu'ils n'ont pas fait de leur Salette un dogme de foi ; mais, le 19 septembre 1851, ils éditent leur dogme, ils défendent *à qui que ce soit, prêtre ou fidèle, de jamais écrire ou parler publiquement* contre leur décision et contre la Salette ; cette précaution étonne, elle provoque l'examen de leurs ouvrages, des assertions et des faits qui y sont consignés ; cet examen fait surgir une polémique, car assertions et faits, tout était mensonger. Les apôtres de la Salette répliquent une fois, deux fois, dix fois : ces répliques, imprimées par leurs soins, sont une série non interrompue de contradictions, de démentis qu'ils donnent à toutes leurs allégations ; ils ont écrit de leur main la condamnation de la Salette, car la vérité ne s'impose jamais, ne se défend jamais par le mensonge, à plus forte raison par un luxe effrayant de mensonges que l'on est réduit à avouer soi-même.

Je puiserai dans ces ouvrages que j'ai lus, que j'ai médités, tous les éléments des entretiens qui vont suivre.

M. le curé Mélin avait écrit sa lettre du mois de mai 1847, qui était le prélude de la mise en scène du conseil de M. Gerin à M. Rousselot. La Salette n'en était pas moins sous le coup de la mauvaise note que lui avait infligée la commission de théologiens réunis en décembre 1846. Nonobstant cette condamnation M. le curé Gerin est sur la montagne, le 19 septembre 1847, jour anniversaire de l'apparition; il y est au milieu de bons campagnards auxquels on a fait accroire que, ce jour-là, la sainte Vierge apparaîtra de nouveau. Il leur parle des *anges qui s'étaient placés aux fenêtres du ciel l'année précédente pour contempler la sainte Vierge descendant sur la montagne*, et comme ce romantisme de mauvais goût allèche ses auditeurs ébahis et impatients de voir se renouveler pour eux ce spectacle qui leur a été promis, il les console par cette mise en demeure très-peu respectueuse qu'il adresse à la sainte Vierge, et que je lis, page 99 du rapport de MM. Rousselot et Orcel : « *Si la sainte Vierge n'a point apparu sur cette montagne, elle est obligée de s'y montrer aujourd'hui : elle ne s'y montre pas, donc elle y a apparu.* » Et partant de cette conclusion, il annonce que dorénavant la messe sera célébrée et des cantiques seront chantés chaque jour, sans interruption, sur la montagne de la Salette.

Pour assurer la régularité de ce service, un vicaire spécial est envoyé au curé du petit village de la Salette, l'abbé Perrin, frère du curé ; il arrive le 2 octobre 1847. Il reste attaché au service de la montagne jusqu'au moment de sa mort (avril 1851).

L'arrivée de ce vicaire nous est révélée par Mgr l'évêque de La Rochelle, qui a écrit sur la Salette un opuscule, corrigé avant sa publication par son collègue de Grenoble. Rien donc n'est plus exact que ce fait.

Il est bon que je vous fasse apprécier, une fois pour toutes, la facilité avec laquelle les apôtres de la Salette recourent aux mensonges.

Au mois de décembre 1850, un journal de Lyon, le *Courrier*, parle de la présence de ce vicaire à la Salette.

M. Rousselot publie immédiatement une brochure dans laquelle il donne un démenti à ce journal, affirme *que le curé est seul*, et déclare au journaliste *qu'il ment avec la dernière impudence.*

On réplique à M. Rousselot, on lui prouve par le livre de l'évêque de La Rochelle, par un livre diocésain de l'évêque de Grenoble, que le journaliste a dit vrai, que par conséquent, c'est lui, Rousselot, qui profère un mensonge. Obligé de s'expliquer, il le fait dans cet ouvrage (*Nouveau Sanctuaire*) et à la 25e ligne de la 37e page, il écrit ces mots, que je lis :

« Pendant cinq ans, le curé de la Salette, aidé par son frère..., a fait ce qu'il a pu pour les pèlerins. »

Le frère était donc avec le frère, le vicaire avec le curé au mois de décembre 1850, époque à laquelle écrivait le journal de Lyon, puisque le vicaire n'est mort, à la Salette même, qu'en avril 1851. Il n'y avait donc pas mensonge et mensonge impudent à le dire, puisque le fait était vrai. Quel odieux mensonge commettait au contraire M. Rousselot, en niant, avec une indignation poussée jusqu'à l'insolence, un fait qu'il est réduit à avouer plus tard, en flétrissant de sa propre main celui qui a forfait à la vérité.

Voilà l'homme sur ce point, sur tous les autres sans exception !

Reprenons, sans plus l'interrompre, le cours de notre entretien.

Dès le mois d'octobre, une nouvelle commission de théologiens est instituée pour réviser la Salette. Les professeurs du grand séminaire en sont exclus, à l'exception de M. Orcel. Ils sont remplacés par les curés de la ville, leur adjonction permettait d'y appeler M. le curé Gerin, caution de M. Rousselot. Les chanoines qui sont aussi cautions de M. Rousselot, en font également partie. Ces éléments garantissent que tout se passera en famille.

Tout en effet se passe de la sorte, on met de côté les formes, on n'aborde pas le fond, on invente une philosophie toute neuve dans l'intérêt du miracle, et en quelquelques heures l'affaire est conclue.

On fait comparaître les deux bergers.

Aux termes des livres sacrés et des canons de l'Eglise, « la déposition d'un seul témoin ne pourra jamais suffire, celle de deux ou trois sera toujours requise. Elle devra avoir lieu sous la foi du serment. Enfin, tout enfant qui n'aura pas 14 ans accomplis sera inhabile à prêter serment. » (Voir le Deutéronome XIX-16. — Saint Math. XVIII-16. — La deuxième épître aux Corinth. XIII-1. — La collection de Gratien, canon 4, question 2, chap. 51 et 52.)

Le berger Maximin Giraud, né à Corps, le 26 août 1835, avait le jour de l'apparition, 19 septembre 1846, onze ans et vingt-trois jours. — On lui donne dispense d'âge. La bergère Mélanie Mathieu, née à Corps, le 7 novembre 1831, avait quatorze ans dix mois douze jours, mais elle était témoin unique et dès lors insuffisant. — On accepte sa déposition comme valant celle de plusieurs témoins qui seraient en âge de majorité.

Ces premières dispenses ne suffisent pas, on y ajoute la dispense du serment, et on imprime que le langage des bergers a été *constant*, *ferme*, *invariable*. Toutefois, ils ont avoué en pleine commission qu'ils avaient parlé *d'une deuxième apparition d'une dame noire*, mais que ce détail n'était pas vrai, — qu'ils avaient parlé *de l'apparition d'une lumière miraculeuse ;* mais que ce détail n'était pas vrai, — qu'ils avaient prêté à la dame de la Salette les propos suivants : *Les garçons ne vont à la messe que pour jeter des pierres aux filles*, puis qu'ils avaient nié les lui avoir prêtés ; puis qu'ils en avaient fait l'aveu.

On entend aussi M. le curé Mélin, l'ancien vicaire de M. le curé Gerin, l'auteur de la lettre de mai 1847, qui introduit *les raisins et les noix* dans le discours de la dame, le maître qui rappelle ou qui forme à l'école de Corps les souvenirs des deux bergers. — On étend jusqu'à lui la dispense du serment, et comme la *gravité* de sa parole suffit, on ne parle pas de sa lettre du mois de mai. On ne parle pas davantage de la copie Lagier-Selme. On se tait sur ces deux pièces, comme un père qui tient à sauver l'honneur de sa femme, se tait sur l'origine d'un enfant qu'elle lui aurait donné hors le mariage. Il y a plus, un membre de la commission ose demander si M. Mélin envoie à l'évêché l'argent qu'il reçoit pour ses expéditions de l'eau de la Salette ? On lui répond que cela ne le regarde pas.

On entend enfin l'ancienne élève de Mlle Lamerlière,

la religieuse sœur Thècle, qui dirige sous M. Mélin l'école dans laquelle on refait les souvenirs des deux bergers. — On la fait jouir du même privilége. Elle est dispensée de prêter serment.

La pièce essentielle, celle qui devait provoquer l'attention la plus scrupuleuse de cette commission de théologiens, qui devait être discutée mot par mot, était incontestablement le discours de la dame aux deux bergers, puisqu'il est la base fondamentale du miracle. On n'en fait pas même le sujet d'un procès-verbal collectif, on ne requiert aucune signature. Le travail de MM. les chanoines-vicaires-généraux, Rousselot et Orcel, en qualité de rapporteurs, Chambon, en qualité de secrétaire, suffit pour que la commission tire cette conclusion, qu'elle insère dans son rapport, pages 189 et 193 :

« L'eau de la fontaine de la Salette sur laquelle s'est » reposée la mère de Dieu, *opère même indépendamment* » *de la foi.*

» Elle a converti des pécheurs invétérés, des incré- » dules obstinés auxquels on a fait avaler CONTRE LEUR » GRÉ quelques gouttes de l'eau miraculeuse. »

Aussi « quel pèlerin ne *se charge pas* pour lui et » pour les siens, d'*une provision* de cette eau bienfai- » sante. »

Et en 1855, M. Rousselot vient, du gré et consentement de tous ses collègues, donner le dernier coup de pinceau à ce tableau, en imprimant dans ce petit opuscule (*Apparition de la sainte Vierge à la Salette, page* 26) :

« Marie, dans son apparition, veut devenir d'une manière merveilleuse la santé des malades.

» L'eau de la Salette guérit tous les maux du corps. »

En d'autres termes, les sacrements institués par Jésus-Christ, le sacrifice de la messe ou la cène, dans la conviction la plus intime de tout chrétien honnête, sont sans résultat pour celui qui s'en moque et qui les dédaigne. L'eau de la Salette vaut mieux que tout cela. Elle opère indépendamment de la foi, elle convertit le pécheur obstiné dont on en remplirait la bouche, alors même que, par mépris, il la cracherait, pourvu que, contre son gré, il en avale quelques gouttes; il y a plus, en cet état, elle guérit sa maladie corporelle.

C'est là tout simplement de la folie ou de l'impiété, car la religion de Jésus-Christ repose tout entière sur la foi et sur les œuvres.

« Sans la foi, il est impossible de plaire à Dieu. (Epître aux Hébreux, chap. II, v. 6.)

» La foi sans les œuvres est morte. (Ep. de saint Jacques, chap. 20, v. 26.)

— L'eau de la Salette dispense de la foi et dispense des œuvres.

A l'appui de cette doctrine, MM. Rousselot et Orcel informent la commission qu'ils ont fait un voyage dans le Midi de la France et qu'ils ont rapporté la preuve que des guérisons miraculeuses ont été obtenues par l'usage de l'eau ou par l'invocation de la Vierge de la Salette.

1° Ils citent la guérison d'une religieuse d'Avignon, sœur saint Charles, et assurent que, sous peu de jours, l'évêque de cette ville fera un mandement sur ce miracle.

Les jours s'écoulent et le mandement ne vient pas. L'évêque de Gap, ami d'enfance de l'archevêque d'Avignon, est appelé dans le diocèse de Grenoble, et il apprend aux chanoines, aux vicaires-généraux, aux curés, qu'on les a trompés, qu'il tient de la bouche même de son ami qu'il n'y a point de miracle, que sœur saint Charles est tout simplement une femme *hystérique*, qui voit se renouveler chaque année et plusieurs fois chaque année la même maladie et la même guérison.

Neuf ans se sont écoulés, le mandement de l'archevêque n'a pas paru, il ne paraîtra pas, et cependant les canons disciplinaires de l'Eglise défendaient à qui que ce soit de proclamer le miracle avant que l'archevêque l'eût reconnu. Voilà pour le premier.

2° Ils indiquent quatre guérisons miraculeuses obtenues à Digne, par l'usage de l'eau de la Salette; et deux ans plus tard, ils impriment dans le deuxième ouvrage de M. Rousselot divers détails sur les enquêtes faites à leur demande.

Ils oublient à dessein de relater une lettre, la seule essentielle, celle de l'évêque de cette ville, aujourd'hui archevêque de Paris, qui leur annonçait, six mois avant qu'ils imprimassent, qu'on les avait induits en erreur, et qu'aucune de ces guérisons n'était miraculeuse.

Aussi, en octobre 1853, cet archevêque disait-il à Grenoble même et à l'évêque de cette ville qui lui parlait de la Salette : « La Salette ! c'est M. Rousselot qui l'a faite. » Voilà pour les autres miracles du dehors.

3° Ils publient la guérison miraculeuse de Marie Gaillard, femme Laurent, de Corps, qui était estropiée depuis longues années. Les pèlerins, en allant à la Salette, font une visite à cette femme. Ils sont surpris de la voir estropiée encore et disent qu'on les a trompés. Le mandement doctrinal du 4 novembre 1854, œuvre de Mgr Ginoulhiac, évêque de Grenoble, de ses vicaires-généraux et de ses chanoines, avoue (page 22) que cette guérison ne peut pas être qualifiée rigoureusement du nom de miracle. Voilà pour le premier miracle diocésain.

4° A ce miracle local ils en ajoutent un deuxième,

celui d'une fille de Lalley (Isère), guérie dès son arrivée sur la montagne de la Salette d'une cécité subite.

Le mal et la vie de cette fille sont tout un roman.

Elle commence par surprendre la bonne foi de son curé et d'un curé voisin, l'abbé Tabardel, fervents apôtres de la Salette, qui croient à la guérison de cette fille, la proclament, et bientôt sont réduits à avouer qu'ils ont été pris pour dupes.

A peine Victorine Sauvet a recouvré la vue, *qu'elle n'avait jamais perdue*, qu'elle se prétend en correspondance directe avec la sainte Vierge ; elle annonce, dans son pays natal, que le 2 février elle s'élèvera dans les airs. Elle vend de l'herbe sur laquelle, dit-elle, la sainte Vierge a marché. Ces folies se poursuivent pendant que la commission de 1847 est réunie; un membre les signale en indiquant que peut-être il ne faudrait pas s'occuper trop légèrement de cette fille. Ce que vous dites-là est *de l'impiété*, lui répond avec vivacité M. le curé Gerin ; et toutefois dans le même moment l'évêché défend au curé de cette fille visionnaire de l'admettre à la confession et à la communion, jusqu'à ce qu'elle se soit amendée.

Elle s'amende en effet, car M. Rousselot imprime dans son *Nouveau Sanctuaire*, page 117, la déclaration de Victorine Sauvet constatant *qu'elle s'est trompée dans ses prétendues visions de la sainte Vierge*.

Le membre de la commission n'était donc pas *impie*, mais une intervention de Dieu était nécessaire pour la cause de la Salette. On la proclame par rapport à Victorine Sauvet, et on déclare sa guérison miraculeuse.

Cette fille va habiter un village presque contigu à la Salette. Là elle n'est plus en rapport avec la sainte Vierge, mais elle établit des relations intimes avec le diable ; et comme le caractère de ce dernier n'est pas parfait, les deux amis sont souvent aux prises. Victorine succombe sous les étreintes de son lutteur ; la paroisse s'émeut, des plaintes sont portées à l'administration judiciaire de Grenoble, sont communiquées par celle-ci à l'évêché, qui garde longtemps le silence et finit par écrire que s'il n'a pas répondu plus tôt, c'est qu'après un mûr examen, il n'a pas pu définir si les rapports de Victorine Sauvet avaient lieu avec un démon *incube* ou *succube*.

Vous me dispenserez de vous définir ces deux mots d'une révoltante lubricité, il vous suffira de savoir que M. Rousselot est allé retirer cette lettre, qu'on la lui a rendue, sur sa promesse de la rapporter, et que la lettre est à venir encore.

Repoussée par la population de ce village (Saint-Laurent), Victorine Sauvet va à la Salette, puis à Montbran (Hautes-Alpes), près de la Salette encore. Là, elle reprend sa vie de visionnaire, elle se dit en rapport avec les anges et assimilée à leur nature, elle ne mange jamais devant personne. On l'épie, on la surprend mangeant du pain, du fromage, du jambon qu'elle cache soigneusement dans sa paillasse. Elle prétend avoir aperçu dans une de ses extases un prêtre qui brûlait au milieu des flammes du purgatoire, et avoir obtenu de Dieu sa délivrance sous la condition que son sein gauche serait affecté d'un cancer. Elle exhibe en effet aux badauds de ce pays quelques petits vers qu'elle retire, de temps à autre, de son sein. On l'épie encore et on la surprend empruntant ces vers à un fromage, à un jambon un peu barbus, et les déposant dans un petit sachet qu'elle glisse sous le fichu qui couvre son sein. Enfin, elle allie toutes ces extravagances à une vie fort commode. Elle a remplacé le démon incube ou succube par un bel et bon vivant, et elle ne cherche pas à cacher cette conduite. — Voilà pour le deuxième miracle local agréé par la *docte* et *pieuse* commission de 1847.

Le malheur a voulu qu'une lettre écrite à M. Rousselot par M. Mélin, curé de Corps, soit tombée dans le domaine public. Après l'avoir lue on ne peut que baisser les yeux et prier Dieu de ne pas abandonner son Eglise. Ecoutez plutôt :

« Corps, 8 mars 1850.

» Monsieur,

» J'ai l'honneur de vous adresser sous ce pli :

» 1° Une lettre de Mlle Anaïs Aubert, de Saint-Laurent-du-Var, attestant elle-même sa guérison.

» 2° Un certificat de M. le maire de la même com-
» mune, attestant très-énergiquement le même fait ;

» 3° Deux lettres de M. le vicomte Jouffrey, d'Or-
» léans, constatant la guérison de son fils.

» Je n'ai que le temps de me dire :

» EXCELLENT MARÉCHAL,

» Votre dévoué et respectueux MAJOR,

» MÉLIN, archiprêtre. »

P. S. — SOUS PEU UNE NOUVELLE GUÉRISON.

Que pensez-vous de ce petit *post-scriptum :* SOUS PEU UNE NOUVELLE GUÉRISON ? Ne dirait-on pas que Dieu est aux ordres de M. Mélin, et que, sur un signe de sa part, une guérison arrivera ? car il l'annonce d'avance, et remarquez bien ceci, M. Mélin corrige, révise, expurge un livre qui s'imprime à Nantes, en Bretagne, sous le titre : *Echo de la sainte montagne*. En renvoyant son manuscrit à l'auteur, il lui adresse une lettre que celui-ci fait imprimer page 12, et dans laquelle M. Mélin se vante d'avoir écrit en trois ans et demi plus de quatre mille lettres de çà, de là, partout, dans l'intérêt de la Salette. Il prenait ses précautions pour que sa lettre de mai 1847, *relative aux raisins et aux noix*, pour que ses leçons aux deux bergers produisissent leur effet, il entretenait le feu sacré par une correspondance monstre, il donnait la vie à son impatient MARÉCHAL par ce joli refrain : *Sous peu une nouvelle guérison !*

A Grenoble toutefois on est jaloux des succès de M. Mélin, et on aspire à les partager. On imagine que le 12 décembre 1852, un sieur B...., abandonné par ses médecins, a été guéri miraculeusement, et on imprime la relation de ce miracle, en ayant soin de cacher le nom du malade.

Grenoble est une ville peu populeuse, tout le monde s'y connaît ; bientôt on sait le nom du malade : voisins, amis, parents, tous crient que le miracle n'est pas de bon aloi, le malade n'est pas guéri.

Le mandement du 4 novembre 1854 parle de cette guérison (pages 22 et 23). Il commence par avouer qu'elle n'a pas été instantanée, en d'autres termes, qu'elle a suivi son cours naturel ; puis il la considère comme miraculeuse, parce que, dit-il, « il est faux que » le malade ait usé, dans le cours de la neuvaine, des » remèdes que les médecins lui avaient prescrits. »

Par malheur encore, les amis de M. B... l'ont vu prendre les remèdes du médecin le jour assigné à sa guérison miraculeuse, le lendemain, les jours suivants. Le médecin lui a continué ses soins plusieurs semaines; plusieurs mois après, ses amis ont eux-mêmes pansé ses blessures. L'affirmation du mandement est donc inexacte, erronée : n'importe ! Elle est maintenue, elle fait effet dans les pays éloignés, c'est là tout ce qu'il faut, car la Salette ne compte pas de croyants à Grenoble.

Voilà, en résumé, les miracles invoqués comme preuves de l'apparition de la sainte Vierge. — Il était difficile d'être plus malheureux.

La commission ne réussit pas mieux dans l'enfantement de la philosophie qu'elle met au jour pour avoir le droit de proclamer son dogme.

A l'en croire, il n'y a pas la moindre différence entre la très-grande probabilité et la certitude (rapport de la commission, page 16), ou ce qui revient au même, nous devons tenir pour certain ce qui est très-probable, et baser nos croyances et notre conduite sur cette probabilité.

Ce raisonnement a pu servir aux apôtres de la Salette pour produire une certaine illusion sur les esprits légers et superficiels ; mais depuis qu'un jugement du tribunal de Grenoble a statué qu'il était prouvé jusqu'à l'évidence que Mlle Lamerlière a dit et fait tout ce que nous avons lu sur son compte, et dès lors était l'unique héroïne du 19 septembre 1846, ce raisonnement de la commission tourne contre elle-même.

Il est probable, très-probable, certain, d'après ce jugement, que Mlle Lamerlière est la dame de la Salette. Donc il est très-certain que la sainte Vierge n'est pas la dame de la Salette.

Donc, le miracle de la Salette croule par sa base.

Donc, l'eau de la Salette est sans vertu, elle ne peut être l'objet que d'un trafic de mauvaise foi ; et chaque pièce de monnaie gagnée à ce commerce charge la conscience de ses vendeurs.

La docte commission des théologiens de 1847 a posé le principe, elle ne peut pas échapper à ses conséquences, qui frapperaient même un charlatan.

Ce principe n'est point le seul qui lui appartienne; elle en a posé un deuxième qui lui est aussi fatal que le premier.

Les deux bergers, a-t-elle répété à satiété dans son rapport et dans tous les livres subséquents, n'ont pu être *ni trompés, ni trompeurs.*

Mais on lit dans ce même rapport, dans tous les livres sur la Salette, dans les mandements doctrinaux de **1851**, **1852** et **1854**, qu'ils sont ignorants au-delà de toute expression. Jusqu'ici, le monde entier croyait que les ignorants pouvaient être trompés plus facilement que les personnes instruites. La docte commission prétendrait-elle le contraire? D'après elle, pour ne pas être trompé, suffirait-il d'être ignorant? En lui accordant qu'elle a été de bonne foi, elle s'est laissé tromper sur tous, absolument sur tous les détails de la Salette ; elle s'est donc décerné à elle-même un certificat d'ignorance. De quel droit alors vient-elle proclamer le miracle de la Salette en vertu des discussions *graves* et *approfondies* auxquelles elle s'est livrée et que ne comportait pas son ignorance?

Les deux bergers, ne lui en déplaise, ont pu être trompés plus facilement qu'elle ne l'a été elle-même.

Ils ont pu également être trompeurs.

Le rapport de la commission, le mandement de **1854**, avouent qu'ils ont ajouté certaines paroles aux paroles de la dame. — Assurément c'est là tromper, ou les mots n'ont plus leur véritable signification. — Le rapport reconnaît que le berger est menteur de sa nature. — Assurément encore personne n'est plus trompeur que le menteur. Enfin les deux bergers ont avoué à l'évêché, en présence de la commission, qu'ils avaient inventé une deuxième apparition d'une dame noire, d'une lumière miraculeuse, qu'ils avaient modifié, puis rétabli, puis renié certaines paroles de la dame. — Tout le monde a le devoir de caractériser cela mensonge, tromperie. — Erreur! de par la docte commission. Pour ne pas tromper, il suffit d'être menteur, et alors même qu'en cette qualité, on dit *oui* et *non* sur le même fait, on ne peut pas être trompeur.

Arrêtons-nous à cette esquisse rapide des travaux de la commission, chacun de ses détails attriste, et leur ensemble inspirerait au véritable chrétien un profond sentiment de crainte pour l'avenir de la religion, s'il n'était rassuré par la promesse de Jésus-Christ. — « Voilà que je suis avec vous jusqu'à la consommation des siècles. »

En vertu de cette promesse, l'erreur ne prévaudra pas.

L'instituteur. — Vos dernières paroles soulagent et consolent. Toutefois, quand une erreur de fait, polluée chaque jour au contact de l'or, a duré dix ans, quand elle est établie, protégée par ceux-là même que Jésus-Christ a préposés à la garde de la vérité, et qui, à ce dernier titre, affectent un droit d'infaillibilité que leurs collègues dans l'épiscopat se garderont bien de leur contester, il est difficile de croire que cette erreur ne prévaudra pas : elle a vécu dix ans, elle vivra toujours, et le monde catholique comptera un riche pèlerinage de plus.

Théophile. — Détrompez-vous : quand un fait religieux a eu autant de retentissement que le fait de la Salette, quand ce fait, qui a déjà valu à ses auteurs plus de deux millions, augmente chaque jour ces richesses mal acquises; l'épiscopat entier ne peut rester muet qu'en abdiquant les devoirs de sa conscience, qu'en foulant aux pieds les principes les plus sacrés de la morale, qu'en déchirant de ses propres mains les pages de l'histoire de l'Eglise dans lesquels sont inscrits les faits traditionnels qui sont postérieurs aux apôtres, qu'en assimilant à la Salette tous les pèlerinages qui existent. Il a dû, dans le principe, respecter la décision des deux évêques qui se sont succédé à Grenoble, croire à la vérité de leur langage épiscopal. Eclairé par la discussion publique qui a surgi, il a désormais des devoirs à remplir, devoirs difficiles, il est vrai, mais devoirs nécessaires. Les entretiens suivants vous en donneront la preuve, car vous êtes loin de connaître toutes les fautes de la Salette ; ces devoirs, il les remplira, et la parole de Jésus-Christ sera vraie, l'erreur ne prévaudra pas.

CHAPITRE VII.

Théophile raconte les faits et gestes de MM. Rousselot, Gerin, Mélin, pour étouffer la vérité qui perçait à Ars (Ain), et qui allait pénétrer jusqu'à Rome. — Il fait ressortir les mensonges des apôtres de la Salette et la légèreté de leur conduite à l'égard du curé d'Ars, de l'évêque de Belley, du métropolitain archevêque de Lyon, du pape et de l'univers catholique.

Ne perdons pas de vue le conseil indirect donné en avril 1847 par M. le curé Gerin à M. Rousselot, de ressusciter la Salette, qui deviendrait pour lui une mine assez riche pour solder ses dettes ; la lettre de M. le curé Mélin, ancien vicaire de M. Gerin, annonçant en mai 1847 que les deux bergers étendaient *aux raisins et aux noix* les menaces de la dame de la Salette ; ne perdons pas de vue que les souvenirs de la montagne étaient rappelés aux bergers *par M. le curé;* que ce souvenir des *raisins et des noix* était en opposition avec le langage tenu jusque-là par les bergers à tous les pèlerins, sans en excepter M. le chanoine Chambon ; enfin, ne perdons pas de vue que dès le moment de l'apparition, une religieuse de Corps, ancienne élève de Mlle Lamerlière, sœur Thècle, avait recueilli dans son école, en qualité de pensionnaires, Maximin Giraud et Mélanie Mathieu.

Quatre ans s'étaient écoulés depuis l'évèvement de la Salette, les deux bergers n'avaient pas quitté l'école où on leur faisait la leçon sur les souvenirs de la montagne.

Tout-à-coup Maximin disparaît, et durant plusieurs jours on ne sait ce qu'il est devenu.

Un prêtre de Lyon, historien de la Salette depuis 1847, M. l'abbé Bez, met fin à toutes ces inquiétudes, et annonce à l'évêché de Grenoble qu'il vient de retrouver dans un restaurant de Lyon le petit fugitif, qu'il l'a retiré auprès de lui et mis dans une école de cette ville, sous le nom de Joseph Bez.

Enlevé par quatre partisans de Louis XVII qui voulaient exploiter au profit de leur roi d'outre-tombe le secret donné aux deux bergers par la dame de la Salette, Maximin avait été emmené à Ars (Ain), près Lyon.

Ars est un petit village dont le curé actuel, M. Vianay, a fait toute la réputation. Ce curé, homme simple, mais droit, est un modèle de vertu et de dévouement. Chaque jour un service régulier de voitures conduit auprès de lui bon nombre de pèlerins qui vont rechercher ses conseils et solliciter sa direction.

Ars est un pèlerinage très-fréquenté.

Maximin voit le saint curé, et subissant l'ascendant de sa vertu, il lui avoue « qu'il n'a pas vu la sainte Vierge » sur la montagne de la Salette, qu'on a imaginé tout » ce qui a été dit à ce sujet, qu'il croit que cette invention procurera le salut des âmes, et que dès lors il » faut laisser croire à la Salette, parce que cela fera du » bien. »

Le curé, trop bon prêtre pour usurper ou laisser usurper par un berger de la Salette les droits de Dieu, enjoint à Maximin d'aller à son évêque, de lui dire toute la vérité pour réparer sa faute, et refuse de le confesser.

Le berger revient au curé une deuxième, une troisième fois. — Tous ses efforts sont inutiles, le curé ne transige pas.

Prévenus par M. l'abbé Bez, MM. Rousselot, Mélin et Gerin se rendent à Ars, apprennent de la bouche même du curé les détails de cette conversation; et comme au lieu de se rendre à l'évidence, ils paraissent vouloir persister, M. le curé Vianay leur adresse ce langage accablant qu'il transmet à son évêque et à l'archevêque métropolitain de l'évêque de Grenoble.

« Les enfants vous ont trompés, vous avez cité dans » vos livres des miracles qui ne sont pas vrais, je » croyais fermement à l'apparition, je la prêchais, maintenant je ne puis, je ne dois plus y croire. Ne dites » donc et n'écrivez plus rien. Que Monseigneur interdise » la chapelle, et le pèlerinage cessera bientôt; n'appelez » plus les pèlerins, laissez pourrir les planches de la » chapelle et le reste tombera de même, il n'en viendra » pas le mal que vous craignez. »

Les trois délégués de l'évêché de Grenoble, personnellement intéressés à cacher sous le boisseau la lumière qui se produisait à Ars, qui bouleversait leur plan de 1847, qui les exposait à entendre des milliers de pèlerins leur crier aux oreilles : — Rendez-nous notre argent ! — redoublent leurs instances auprès de M. le curé d'Ars, pour qu'il consente à garder le silence; le curé se refuse à enchaîner sa conscience et la vérité. — Ils rentrent à Grenoble. Mgr de Bruillard écrit sur-le-champ une première, une deuxième lettre à M. Vianay; il s'étonne qu'un prêtre puisse douter, lorsque lui, évêque, a parlé. — M. Vianay répond qu'il ne doute pas, puisqu'il ne croit plus. — Mgr de Bruillard recourt à son collègue de Belley, évêque du curé d'Ars, pour qu'il enjoigne à ce bon curé de garder le silence sur ce qui s'est passé entre lui et Maximin; l'ordre se transmet, et aussitôt M. l'abbé Bez, le père de Maximin, puisqu'il lui a donné son nom, M. Rousselot et M. Chambon, écrivent à qui mieux mieux, livres et journaux en faveur de Maximin et contre M. Vianay. Dans le même moment, M. Dausse, tuteur de Maximin, qui était allé le chercher à Lyon, l'avait ramené à Grenoble, l'avait placé au petit séminaire de cette ville où il était choyé, gâté, ne craignait pas de lui dire, en présence de M. l'abbé Guillaud, supérieur de cet établissement : « Songe bien à la faute que tu as » commise à Ars et n'y reviens jamais, il y va de ton » avenir.» Les prêtres et les fidèles des diocèses de Grenoble, de Lyon, de Belley, disent, et avec raison, que la voie la plus naturelle et la plus sûre pour connaître la vérité sur cet incident d'Ars, est de mettre le berger en regard du curé sous les yeux de témoins choisis ; l'évêché de Grenoble, non content de repousser cette demande par un refus péremptoire, en rejette la responsabilité sur l'évêque de Belley, et M. Rousselot imprime, avec l'approbation de son évêque (*pages 144 et 145 du Nouveau sanctuaire*) : « Maximin s'est toujours offert spontané-» ment à cette confrontation, Mgr de Bruillard l'a vou-» lue, c'est Mgr Devie, de Belley, qui *l'a jugée inoppor-» tune, qui a sagement fait de la refuser.* »

On apprend que ce langage est inexact, on le dit à haute voix, et le 4 novembre 1854, le nouvel évêque de Grenoble reconnaît, page 13 de son mandement, concerté avec M. Rousselot, qu'on a écrit à Mgr Devie de Belley une première, une deuxième lettre au sujet de cette confrontation, et que le prélat n'a pas même pris la peine de répondre un mot.

Il n'a pas répondu, donc il n'a pas refusé la confrontation, donc l'assertion du *Nouveau Sanctuaire* est un mensonge.

Ce mensonge, tout lâche qu'il est, est l'acte le plus innocent qui se soit produit dans ce tripotage d'Ars.

M. Gillos, curé dans le diocèse de Grenoble, aujourd'hui chanoine, écrit à son évêque pour solliciter cette confrontation ; il s'engage à payer les frais de voyage et de séjour pour Maximin et pour tous les témoins. Il reçoit cette réponse laconique : — « *Je ne puis, ni ne veux me déjuger*. »

Le 4 novembre 1854, Mgr Ginoulhiac, nouvel évêque de Grenoble, prend en main la défense de cette doctrine et imprime, page 14, ces mots : « Quel est l'évêque qui, » en semblable rencontre, n'eût pas répondu dans le » même sens ? »

Il s'agissait d'un miracle et par conséquent d'un fait qui appartient à Dieu seul. Tout évêque qui ne se pose pas comme le supérieur ou comme l'égal de Dieu n'hésitera pas, une minute, une seconde, à se déjuger dès qu'il reconnaîtra son erreur. Celui qui, en semblable rencontre, ne se déjuge pas, se met au niveau, je me trompe, au-dessus de Dieu.

Et voyez où a conduit une semblable doctrine dans le diocèse de Grenoble?

L'année même qui précédait cette prétendue apparition de la sainte Vierge à la Salette, dans le couvent du Bon-Pasteur à Grenoble, une religieuse mystique fait accroire qu'à un jour, à une heure donnés, Jésus-Christ gratifiera sa communauté de quelques gouttes de son précieux sang.

Le jour et l'heure arrivent, le sang arrive aussi. A l'instant il est fermé dans un reliquaire, exposé à l'adoration publique, et par les ordres de l'évêque un temple doit se construire en l'honneur de ce sang et lui être dédié.

Une famille pieuse de Lyon, mesdames Sorrel, consentent à en faire les frais.

Les travaux commencent, et le médecin de la maison dévoile la turpitude de cette religieuse. — Le sang qu'elle donnait pour le sang de Jésus-Christ était plus immonde qu'un excrément humain.

Un prêtre de Grenoble, l'abbé Martin, aumônier de l'hôpital de cette ville, a hâte d'en donner avis à l'évêque.

Le prélat avait jugé; il écrit à l'abbé Martin la lettre suivante :

3 f. 1845.

« Réclamations INUTILES, mon cher abbé. Les tra-
» vaux ÉTAIENT trop avancés, les pierres taillées, etc.

» J'ai obtenu un *nouveau* plan et un *nouveau* devis
» *moins dispendieux*. Les dames de Lyon consentent
» à supporter la plus grande partie des frais de la con-
» struction. »

» Je vous salue en N.-S.-J.-C. »

La cérémonie de la pose de la première pierre est faite par l'évêque en personne. L'abbé Martin reçoit l'ordre d'y assister, il obéit; et en adorant ce sang qu'il connaît très-bien, il consacre la légitimité de cette doctrine. — Je ne puis, ni ne veux me déjuger.

La chapelle existe depuis 11 ans bientôt, elle a été payée par mesdames Sorrel, mais elle reste fermée devant le cri de la réprobation publique; le reliquaire existe aussi. Un jour viendra où le temple sera ouvert, deviendra un lieu d'adoration sous le symbole du sang immonde qu'un jugement humain a assimilé au sang de Jésus-Christ. — Et c'est sur le théâtre d'une aussi triste profanation qu'on imprime ces paroles. « Quel est l'évêque qui, en semblable rencontre, n'agirait pas dans le même sens? »

Effaçons ces pénibles souvenirs qui prennent en quelque sorte Dieu corps à corps, et finissons-en rapidement avec ce déplorable incident d'Ars qui du moins se borne à humilier l'archevêque métropolitain, à tromper le pape et à mentir au public. Ces trois indications vous étonnent. Ecoutez, et vous jugerez si elles sont exactes.

Le démenti d'Ars avait provoqué les écrits de MM. les abbés Bez, Rousselot et Chambon. Ces écrits avaient éveillé l'attention des évêques de France. Le nonce du pape délègue, au nom du souverain pontife, l'archevêque de Lyon pour traiter canoniquement cette affaire.

L'archevêque métropolitain écrit à Grenoble, on ne lui répond pas. Il écrit une deuxième fois, on lui répond par des paroles évasives. Il annonce plusieurs semaines à l'avance qu'il se rendra à Grenoble et qu'il y sera le 12 juillet 1851.

Il arrive le jour indiqué. Tout le clergé de la ville va le lendemain lui présenter ses hommages. Celui de la cathédrale est conduit par le premier vicaire, M. Caron, qui a reçu la veille une lettre de son évêque et l'ordre écrit de répondre à l'archevêque, dans le cas où il l'interrogerait sur l'absence de M. le curé Gerin, « que fatigué » par les travaux de son ministère, M. Gerin était allé » prendre quelques jours de repos à la campagne. »

M. Caron obéit ponctuellement. Qu'était devenu M. Gerin ?

Le 6 juillet, six jours avant l'arrivée du métropolitain, il était parti pour Rome avec M. Rousselot. Il était parti par ordre du prélat qui enjoignait à Mgr l'abbé Caron de dire à l'archevêque qu'il était à la campagne, se reposant des fatigues de son ministère ; il était parti dans le but unique de contrarier la mission du métropolitain, qui allait mettre à nu toutes les fourberies de la Salette et couper court aux recettes à l'aide desquelles on soldait les dettes de M. Rousselot, garanties par M. Gerin et les chanoines, ces dettes qui seules avaient ressuscité le miracle avorté dès sa naissance. Il était parti enfin pour porter au pape le secret que le pape envoyait chercher par son délégué.

La révélation de cette ambassade est faite à l'univers entier par un mandement du prélat, auteur de la lettre à M. l'abbé Caron, dans lequel on lit ces deux phrases :

« La divine Providence nous a fourni l'occasion d'en-
» joindre aux deux enfants privilégiés de faire parvenir
» leur secret à notre très-saint père le pape Pie IX.

» Nous avons chargé deux prêtres qui ont toute notre
» confiance, de porter à Rome cette dépêche mysté-
» rieuse. »

La divine Providence, invoquée avec une si étrange témérité, a permis sans doute que la lettre à M. l'abbé Caron fût là, pour l'éternelle confusion des apôtres de la Salette.

L'archevêque de Lyon en fut pour ses frais, et il s'en retourna comme il était venu.

Les deux délégués remettent au pape, le 18 juillet, le secret donné aux deux bergers par la dame de la Salette.

Ce secret n'est plus un mystère aujourd'hui, l'évêque de Grenoble avoue, dans un mandement du 4 novembre 1854, que le berger « s'est laissé infatuer de son impor-
» tance et a fait des prédictions relatives à la personne
» du chef de l'Etat et aux destinées de la France et de
» l'Eglise, et que lui, évêque, en a informé le gou-
» vernement. »

Or, ce berger a remis son secret à un de ses amis, qui, à son tour, l'a communiqué à d'autres, au vu et au su de l'évêque de Grenoble. Ce secret, le même qui a été remis au pape, le voici :

« Napoléon mourra d'une mort tragique : après sa

» mort suivra une courte anarchie. Enfin, un homme
» de la famille Napoléon montera sur le trône. Sous son
» règne les prêtres seront persécutés, le pape mourra
» martyr. Après cet homme on verra Louis XVII sur le
» trône de France. Maximin Giraud sera aussitôt son premier ministre. Louis XVII vivra peu de temps, et après
» sa mort Maximin Giraud lui succèdera. Quand, par les
» soins de Maximin, l'Europe aura été pacifiée, il se fera
» missionnaire. Pendant sa puissance, il vaincra les
» puissances ennemies par le chapelet. L'Angleterre se
» convertira. Mgr Philibert mourra d'une mort tragique.
» La plupart de ces évènements devront avoir lieu en
» 1856. La fin du monde sera annoncée par ces évènements. L'Antechrist paraîtra et donnera la mort à
» Maximin Giraud. Le pape qui succédera à Pie IX sera
» Français. »

Le pape après avoir lu, en présence de MM. Rousselot et Gerin, cette pièce carnavalesque, leur dit : — Ce que vous m'apportez-là est un monde de stupidités, — et il la jette dans un panier disposé pour recevoir les papiers inutiles et destinés au feu.

Le jour même de cette audience, une soirée réunit dans le palais du souverain pontife, des cardinaux et des prélats romains ; le pape leur parle de l'ambassade de Grenoble, des deux prêtres fanatiques qui en ont été chargés, de l'écrit stupide qu'ils lui ont remis.

MM. Gerin et Rousselot rentrent à Grenoble. Le premier, dans une réunion nombreuse où il causait de son voyage à Rome, ne craint pas de faire entendre ces mots :

« L'archevêque de Lyon était hostile à la Salette ; il
» venait à Grenoble pour connaître le secret des enfants,
» et Dieu sait le parti qu'il aurait voulu en tirer ! Il ou-

» bliait qu'il avait affaire à des Dauphinois, que les Dau-
» phinois sont de fins matois, capables d'en revendre
» même à un cardinal. Nous sommes partis avant son
» arrivée, nous avons emporté le secret. Rome fera le
» reste, et le cardinal en sera pour ses frais. »

Dans le même moment, M. Gerin faisait imprimer à Nantes, dans un ouvrage (*Echo de la sainte montagne*), que son ancien vicaire, M. Mélin, corrigeait : — L'émotion du pape, en lisant le secret, a été telle, *qu'il oubliait presque qu'il était pape*, et disait : *Suis-je obligé de garder ce secret ?*

De son côté, M. Rousselot imprimait dans des notices et dans son *Nouveau Sanctuaire* : — « Le pape a lu le
» secret d'un air très-sérieux, a dit qu'il voulait le relire
» à loisir, que ce secret était des malheurs pour la
» France, etc. »

Enfin le mandement qui proclame le miracle de la Salette, immédiatement après le retour de MM. Rousselot et Gerin, parle de leur voyage à Rome et inscrit cette phrase par laquelle le prélat termine son écrit doctrinal :

« Ainsi est tombée la dernière objection que l'on
» faisait contre l'apparition, savoir, qu'il n'y avait point
» de secret, ou que ce secret était sans importance,
» puéril même, et que les enfants ne voudraient pas le
» faire connaître à l'Eglise. »

Ce langage du mandement doctrinal, celui de M. Rousselot, celui de M. Gerin, sont le digne pendant de la lettre à M. l'abbé Caron. Cette lettre trompait le métropolitain. — M. Gerin était en voyage pour Rome, il n'était pas à la campagne. Le mandement, MM. Rousselot et Gerin, trompent l'univers entier. — Rome, quoiqu'ils affirment le contraire, a flétri le secret, et le pape maintient cette flétrissure. *Le secret est un monde de stupidités, il a trouvé place parmi les papiers sales.*

L'instituteur. — Comment se fait-il que le pape permette toutes ces fourberies qui déshonorent la religion, qui déshonorent plus encore ceux qui les commettent et qui compromettent le pape lui-même en laissant croire qu'il est de connivence avec eux. Car ils invoquent son autorité, son nom, afin de tromper le public, et le pape laisse faire. Donc il approuve le moyen et le résultat?

Théophile. — Vous allez trop loin. Vous ne calculez pas que Rome est à une très-grande distance de Grenoble, que ces détails et ces faits ne sont pas connus à Rome, et alors pourquoi imputer au pape les conséquences d'une conduite qu'il ignore assurément?

L'instituteur. — En admettant que le pape les ignore, à raison du grand éloignement où il est de Grenoble, le métropolitain ne peut pas les ignorer, et il a dû en donner connaissance à Rome, non-seulement en sa qualité de métropolitain, mais encore à raison de la délégation qu'il avait reçue et dont on s'est joué, même en recourant au mensonge. Le pape ne peut donc pas les ignorer, et son silence est vraiment un mystère qui ne se comprend pas.

Théophile. — Votre insistance sera mieux à sa place après quelques entretiens encore, nous serons mieux éclairés que nous ne le sommes, et nous y reviendrons. Mettons fin à celui-ci en constatant que les choses étaient dans l'état que nous venons d'indiquer, lorsque le mandement doctrinal qui proclamait le miracle de la Salette fut promulgué le 19 septembre 1851.

CHAPITRE VIII.

Théophile signale les erreurs de fait commises sciemment par les auteurs du mandement qui promulgue le miracle de la Salette, reconnues et avouées par les mêmes auteurs et par un deuxième mandement doctrinal. — Il indique le sans-gêne avec lequel on a traité pape et évêques. — Il désigne les victimes, les favoris de la Salette, la raison doctrinale des priviléges concédés à ces derniers.

MM. les abbés Rousselot et Gerin étaient à peine arrivés de Rome, avaient à peine pris le temps de prêter au pape un langage diamétralement opposé à celui qu'il avait tenu, qu'un mandement annonce doctrinalement à l'univers catholique que la sainte Vierge est descendue en personne sur la montagne de la Salette, le 19 septembre 1846, et a conté à deux petits pâtres de cette montagne la nouvelle que vous savez. Ce mandement est à la date du 19 septembre 1851, et défend à qui que ce soit, prêtre ou fidèle, d'écrire un seul mot, de prononcer publiquement une seule parole qui contrarie cette décision.

Cette précaution est étrange, car si les auteurs du mandement ont la conviction d'avoir pour eux la vérité, ils ne doivent pas craindre la contradiction ; s'ils redoutent la contradiction, c'est que cette conviction leur manque; et alors le mandement est une faute qu'ils ne devaient pas commettre. Dans tous les cas, la précaution prise est un abus de pouvoir auquel jamais, à aucune époque, un évêque n'a eu recours.

Elle était nécessaire pour la Salette. Enumérons rapidement les erreurs sur lesquelles elle repose.

— Le mandement du 19 septembre 1851 affirme qu'il est promulgué *sur la demande expresse de tous les membres du chapitre et de la très-grande majorité des prêtres du diocèse.* (§ 22.)

Le *Nouveau Sanctuaire*, publié plus tard avec une approbation très-élogieuse de l'évêque signataire du mandement, reconnaît que les premières signatures demandées au clergé, l'ont été le 25 septembre 1851, c'est-à-dire six jours après le mandement. — Première erreur.

Il reconnaît que le 16 novembre 1851, c'est-à-dire deux mois après, on n'avait obtenu encore que 240 signatures environ.

Il reconnaît enfin que le nombre des prêtres du diocèse est de 836. Or, 240 n'est pas la très-grande majorité de 836. — Donc, nouvelle erreur.

Donc, le 19 septembre 1851, malgré l'affirmation du mandement, le clergé du diocèse n'avait rien demandé. Donc, deux mois plus tard on n'avait obtenu que la signature du quart des prêtres du diocèse.

Ces premières erreurs sont reconnues par les auteurs du mandement.

— A en croire le mandement (§ 2), l'évêque de Grenoble a apporté beaucoup de lenteur à admettre la Salette, et il a usé de la plus sévère circonspection avant de publier sa décision doctrinale.

Mais l'apparition du samedi 19 est prêchée le lendemain dimanche par le curé de la Salette, qui le surlendemain lundi vient l'annoncer à l'évêque. Celui-ci l'annonce le lendemain mardi à 400 religieuses institutrices dans le diocèse et consœurs de la religieuse qui retire auprès d'elle les deux bergers. Dès le 23 septembre, les religieuses racontent la grande nouvelle à leurs élèves, celles-ci la racontent à leurs parents, et huit jours ne sont pas écoulés encore que déjà tout le diocèse est informé de l'apparition, sur la foi de l'évêque.

Deux mois sont à peine écoulés que deux commissions de théologiens sont consultées ; — elles ne croient pas à l'apparition; cependant les deux bergers enlevés, dès le lendemain de l'apparition, à leur vie des champs, à leur misère, restent confiés à l'élève de Mlle Lamerlière (sœur Thècle), à l'ancien vicaire de M. Gerin (M. Mélin, curé de Corps).

La lenteur et la circonspection sévère ne brillent pas en 1846.

— L'hiver est un temps de repos, surtout pour les montagnes. Au printemps, tout se réveille ; M. le curé Gerin glisse à l'oreille de M. le vicaire-général Rousselot que la Salette pourrait fort bien payer ses dettes ; son ancien vicaire, M. Mélin, curé de Corps, qui fait l'éducation des deux bergers, et leur rappelle les souvenirs de la nouvelle *contée* par la dame, étend aux raisins et aux noix les menaces qui jusque-là n'avaient frappé que le blé et les pommes de terre. Il est vrai que d'après le langage de la bergère, chapitre IV, page 51, elle n'avait pas besoin de comprendre la dame pour répéter ses paroles, il suffisait que ceux auxquels elle les répétait les comprissent. M. Rousselot, en compagnie de M. Orcel, se met en quête de guérisons miraculeuses dans six diocèses différents ; l'anniversaire de l'apparition se célèbre sur la montagne ; un vicaire est envoyé exprès et en permanence pour entretenir le feu sacré; une nouvelle commission de théologiens est instituée , la majorité partage avec M. le curé Gerin la responsabilité des dettes que le miracle doit solder ; toute discussion est refusée à la minorité. Les pièces importantes, les relations ne sont pas communiquées, on les modifie à bas bruit. Bergers et témoins reçoivent dispense d'âge et dispense de serment.

La conviction du prélat est entière et sans nuage.(Mandement, § 9.)

La lenteur et la circonspection sévère ne brillent pas davantage en 1847.

— Le rapport de la commission est publié en 1848, par MM. Rousselot et Orcel.

Il attribue, ainsi que le mandement, un langage ferme, constant, invariable aux deux bergers, — et tous les deux ont avoué en pleine commission leurs variations et leurs mensonges.

Il donne une relation du discours de la dame, en certifiant qu'elle est textuellement conforme, *pour le fond* et *pour les expressions*, *sans addition* et *sans retranchement*, à toutes celles que l'évêché a reçues *dès le commencement*. — Et cette relation est falsifiée dans les deux points les plus essentiels.

Il inscrit des guérisons miraculeuses, — et aucune n'est réelle, ancune n'est reconnue canoniquement.

Il présente comme venant du ciel le langage de la dame de la Salette, — et ce langage est en opposition radicale avec la doctrine de l'Evangile.

Il indique une croyance presque universelle au fait de la Salette, — et cette croyance n'existe pas, même aujourd'hui.

Il professe que les bergers n'ont été ni trompés ni trompeurs. — Et les bergers, de l'aveu des apôtres de la Salette, sont superlativement ignorants et menteurs.

Il bouleverse enfin tous les principes de philosophie, en enseignant que la très-grande probabilité et la certitude sont parfaitement identiques.

Le culte de la montagne, l'appel aux pèlerins et à leur bourse se poursuit activement ; le rapport s'expédie à toutes les maisons religieuses de la France et de l'étranger, sous le couvert de l'évêque.

La circonspection sévère ne brille pas en 1848.

— Le culte de la montagne et toutes ses conséquences se poursuivent plus activement que jamais en 1849, en 1850. Cette année voit surgir un deuxième ouvrage doctrinal de M. Rousselot, approuvé par l'évêque (*Nouveaux Documents*) ; puis, un troisième (*Manuel du Pèlerin*). L'un et l'autre sont écrits dans le sens du rapport, répandus par les mêmes voies.

M. le curé Mélin continue sa correspondance fabuleuse (1,200 lettres par an), il assied sur des bases, de plus en plus larges, son officine à guérisons miraculeuses qu'il annonce, d'avance, à son *excellent maréchal*, M. Rousselot.

Le berger échappe à ses surveillants, va à Ars, avoue au curé de cette paroisse qu'il n'a pas vu la sainte Vierge.

MM. Gerin, Rousselot et Mélin partent pour Ars, ils tentent, mais en vain, de lier la langue du curé.

L'évêque de Grenoble lui écrit sans plus de succès. Il lui fait imposer silence par son évêque. — MM. Rousselot et Chambon l'exécutent par la presse. On nie la présence d'un vicaire à la Salette, — et cette existence est un fait qu'on est condamné à avouer plus tard. On nie que le berger se soit démenti à Ars, — et on est réduit, dans des écrits postérieurs, à un langage apocalyptique qui prouve la vérité de ce démenti. On nie qu'on se soit refusé à la demande d'une confrontation entre le curé et le berger, on rejette ce refus sur l'évêque de Belley. — Et un mandement vient, le 4 novembre 1854, donner un démenti [illegible] mensonge calculé. On exalte dans ce même mandement, comme le sublime du droit, cette réponse de l'évêque de Grenoble à M. le chanoine Gillos qui, pour obtenir cette confrontation, offrait de payer tous les frais de voyage et de séjour du berger et des témoins. — JE NE PUIS NI NE VEUX ME DÉJUGER. — En d'autres termes : *Je suis Dieu, plus que Dieu.*

La circonspection sévère ne brille pas dans cette série de faits, dans cette période de temps.

— L'année 1851 voit arriver à Grenoble l'archevêque de Lyon, métropolitain délégué par le pape. — On expédie à Rome MM. Rousselot et Gerin, porteurs du secret que le métropolitain vient chercher... inutilement. — On trompe le métropolitain en lui cachant par un mensonge le voyage de M. Gerin.

Le pape jette dédaigneusement aux papiers sales le secret qu'il qualifie — *un monde de stupidités.* — Les deux délégués prétendent que cette lecture a vivement impressionné le souverain pontife, et le mandement s'associe au langage trompeur de ses deux émissaires en proclamant (§ 12) que « la divine Providence a » fourni au prélat l'occasion d'enjoindre aux deux en- » fants privilégiés de faire parvenir le secret à N. T. S. P. » le pape Pie IX. » — Comme si le motif unique, avoué du reste par les pères de la Salette (*Echo de la sainte montagne*, p. 265), n'avait pas été de fermer à jamais la bouche du curé d'Ars sur le démenti du berger, et de se soustraire aux effets de la délégation du métropolitain. Puis le mandement réduisant tous les arguments des opposants au refus que les deux bergers avaient fait jusque-là de livrer leur secret, refus qui venait de cesser, termine par cette phrase : « Ainsi est tombée la dernière » objection que l'on faisait contre l'apparition, savoir » qu'il n'y avait point de secret, ou que ce secret était » sans importance, puéril même. » — Mais le pape a seul qualité pour le juger, il prononce ce jugement : *Le secret est un monde de stupidités.* — Et le mandement doctrinal édite le miracle de la Salette en traduisant ce jugement par les termes que je viens de rapporter.

Assurément la circonspection sévère ne brille pas dans les faits qui attristent l'année 1851.

— Cette année est celle du mandement doctrinal.

Le miracle y est proclamé dans les termes suivants :

« Art. 1er. Nous jugeons que l'apparition de la sainte
» Vierge à deux bergers, le 19 septembre 1846, sur une
» montagne de la chaîne des Alpes, située dans la pa-
» roisse de la Salette, de l'archiprêtré de Corps, porte en
» elle-même tous les caractères de la vérité.

» Art. 3. Nous autorisons le culte de Notre-Dame de
» la Salette, nous permettons de le prêcher.

» Art. 5. Nous défendons *expressément aux fidèles*
» *et aux prêtres* de notre diocèse de *jamais s'élever*
» *publiquement, de vive voix ou par écrit*, contre le fait
» que nous proclamons aujourd'hui, et qui dès lors
» exige le respect de tous. »

Suit une page entière pour demander de l'argent à la piété des fidèles.

Pourquoi la précaution de l'article 5 ? Pourquoi la défense qu'il fait de jamais parler de vive voix ou par écrit contre le fait proclamé, c'est-à-dire, contre l'apparition personnelle de la sainte Vierge à la Salette, le 19 septembre 1846 ?

Pourquoi ? le voici :

L'évêché avait écrit, ses deux émissaires porteurs du secret, *monde de stupidités*, avaient dit au pape, aux cardinaux, aux prélats de Rome, que les deux bergers de la Salette avaient trouvé sur la montagne, le 19 septembre 1846, une vieille image de la sainte Vierge, objet d'un antique pèlerinage. — Vous voyez qu'il ne s'agissait pas d'une apparition personnelle telle que le mandement la proclame; aussi, lorsqu'à un an de date l'évêché de Grenoble sollicite de la congrégation des rites le droit de fêter le 19 septembre, en l'honneur de la Salette, le prosecrétaire de cette congrégation, Mgr Gigli, consultant les lettres écrites et les détails qu'il a reçus de vive voix, autorise la fête de *l'apparition de l'image de la mère de Dieu de la Salette.* — *Apparitio imaginis deiparæ de la Salette.* De telle sorte que le culte autorisé par Rome, n'est pas le culte pratiqué à Grenoble, proclamé par le mandement. — Comprenez-vous maintenant la précaution imposée par l'art. 5, et les avantages qui devaient résulter, qui ne pouvaient résulter que d'un silence universel ?

Assurément la circonspection sévère dont parle le mandement ne brille pas dans cette dernière et suprême précaution.

— Il est un point encore que je ne dois pas passer sous silence.

L'évêché de Gap est contigu à celui de Grenoble et plus rapproché de la montagne de la Salette. L'évêque de cette ville, Mgr Depéry, adresse à son clergé dans le premier mois de 1851, une circulaire imprimée. — Il qualifie de *coupable intrigue et d'indigne spéculation*, ce qui se passe ; il déclare qu'on a eu tort d'attribuer à son diocèse des guérisons miraculeuses qui n'existent pas ; il interdit la récitation de l'office de la Salette.

Les évêchés de Lyon, de Valence, de Belley, de Viviers, de Chambéry, touchent également à celui de Grenoble; les évêques de ces diocèses,— en 1851 encore et avant le mandement doctrinal, manifestent leur opposition à la Salette, quelques-uns le font par la voie des journaux.

L'évêque d'Orléans, l'un des prélats les plus éclairés de France, va chaque année passer quelques semaines à Grenoble et dans les environs; il connaît toutes les manœuvres qui se pratiquent, — et en 1851 encore il écrit à un de ses amis de Grenoble ces paroles accablantes :

« Plus je vais, plus j'entends, plus j'examine, et moins » l'esprit de Dieu m'apparaît en tout cela. Je ne puis » être de l'avis de vos ecclésiastiques sur toutes ces cho- » ses ; la foi et la charité se perdent au milieu de ce » bruit, de cette division, de cette confusion des lan- » gues. Quant au livre de M. Rousselot et à ses diverses » publications, la matière qu'il traite, le ton qui y » règne, sont un véritable scandale. Soyez sûr qu'il y a » en cela beaucoup de danger pour la foi et les mœurs. »

La circonspection sévère ne brille pas plus dans le dédain avec lequel on traite l'opinion de tous les évêques, qu'elle ne brille dans le sans-gêne avec lequel on travestit le jugement du pape, avec lequel on dénature tous les faits depuis le 19 septembre 1846 jusqu'en 1851, jusques à aujourd'hui.

Il y a plus que de l'imprudence, il y a vertige à essayer de dénaturer les faits. Les faits sont comme une montagne de granit, ils résistent à toutes les attaques, à tous les assauts de l'adresse, à toutes les tentatives du pouvoir, et aujourd'hui, nonobstant les affirmations tranchantes du mandement, les faits fixent immuablement la vérité. La Salette est une invention basée sur l'intérêt, soutenue par le mensonge ; elle procure de l'or, beaucoup d'or, mais un or de mauvais aloi par son origine ; elle fait à la religion un mal irréparable.

— A cette série de faits mensongers, il faut joindre quelques faits d'un caractère plus triste encore pour connaître à fond l'abîme ouvert par le miracle de la Salette.

Mlle Lamerlière habite près Tullins (Isère). Le curé de cette ville, avant de lire le mandement doctrinal à ses paroissiens qui savent comme lui que cette demoiselle est la dame de la Salette, croit avoir le droit de motiver son opinion : incontinent ce curé, M. Kœnig, est interdit de la chaire et dévoué à Cayenne.

— Il est sauvé de Cayenne par l'abbé Déléon ; — à son tour celui-ci est interdit.

— L'abbé Robert, vicaire de Saint-André de Grenoble, est incroyant, il est enlevé à son poste, laissé sur le pavé, interdit ; il obtient à grand'peine de pouvoir s'embarquer sur un vaisseau comme aumônier.

— L'abbé Guillaud, supérieur du petit séminaire, ou professeur depuis un quart de siècle, a entendu M. Dausse, tuteur du berger, dire à ce jeune élève, confiné dans sa communauté depuis l'équipée d'Ars : « Songe bien à la » faute que tu as commise à Ars et n'y reviens jamais, il » y va de ton avenir. » L'abbé Guillaud a en son pouvoir la clé du mystère d'Ars. On brise brusquement sa position, il est relégué dans une chétive paroisse à 100 kilomètres de Grenoble.

— En revanche, M. le curé Mélin est nommé chanoine aux honneurs.

— M. l'abbé Burnoud accepte la charge de supérieur des missionnaires de la Salette. Il est nommé chanoine aux honneurs.

— M. Marchand, curé de Voreppe, M. Juvenet, curé de Crémieux, envoient quelques-centaines de francs pour le sanctuaire de la montagne. Ils sont nommés chanoines aux honneurs.

— M. Debut accepte la succession de M. Guillaud. Il est nommé chanoine aux honneurs.

— M. l'abbé Limoisin, à Arras, M. l'abbé Gobert, vicaire à Calais, sont, dans leurs pays éloignés, des agents utiles à la Salette. Ils sont nommés chanoines aux honneurs.

Il y a plus, des faits très-regrettables se produisent, ce sont deux, quatre, dix prêtres qui s'en rendent coupables. Ils sont croyants à la Salette. Tout est oublié. En voulez-vous savoir la raison ?

Le rapport de la commission de 1847, établit (pages 189 et 193) que l'eau de la Salette opère, *même indépendamment de la foi;* que quelques gouttes avalées par un pécheur invétéré, *même contre son gré*, suffisent pour le convertir. Après ces décisions dogmatiques, il n'y a plus ni bien , ni mal , ni vice , ni vertu , qui soient utiles pour aller au ciel, une goutte d'eau de la Salette suffit. On aurait mauvaise grâce à être sévère envers les prêtres qui vantent ce privilége et poussent à la consommation.

Arrêtons ici cet entretien, car je suis fatigué, non pas physiquement, mais moralement, des tristes, des accablantes révélations que j'ai dû énumérer ; et, chose pénible à dire, tout n'est pas fini encore.

CHAPITRE IX.

Théophile indique la portée des indulgences accordées au sanctuaire de la Salette. — Les difficultés qu'éprouve l'évêque, auteur du mandement doctrinal, pour trouver un prêtre qui consente à accepter sa succession et à maintenir la Salette. — Il parle du jugement civil de Grenoble, qui a adjugé à Mlle Lamerlière les honneurs de l'apparition, contrairement à la sentence doctrinale du nouvel évêque. — Il signale les manœuvres des apôtres de la Salette contre le jugement, les juges, les évêques et les prêtres incroyants. — Il termine par quelques mots sur la vie et les farces des deux bergers.

Vous avez vu, par les détails de notre dernier entretien, que le mandement doctrinal qui proclamait le dogme de la Salette, avait été promulgué en dehors du pape, qui respecte trop Dieu et se respecte trop lui-même pour éditer comme venant du ciel une apparition dont le cachet sacramentel est un secret qu'il flétrit lui-même de cette note, — *monde de stupidités.*

Il importait que le vice originel du mandement doctrinal ne parvînt jamais à la connaissance du public ; le moyen le plus facile et le plus sûr était d'obtenir de Rome un titre coloré, une sanction apparente qu'on pût représenter comme une approbation entière de tout ce qui avait été fait. Ce moyen est aussi celui auquel on a dû recourir.

Il existe à Rome une congrégation des rites qui ne refuse jamais les indulgences réclamées par les évêques.

Cette congrégation agit sous l'autorité du pape, mais sans lui communiquer les demandes qu'elle reçoit.

Les apôtres de la Salette s'adressent à elle, et obtiennent, sur une lettre de l'évêque de Grenoble, quelques indulgences pour le sanctuaire de la montagne; et comme la concession de ces faveurs est toujours gratuite, ils en sont quittes pour une quarantaine de francs exigés en paiement des expéditions de bureau.

Des tarifs imprimés par les soins d'*agences centrales catholiques* existent dans tous les pays du monde, car ces agences exercent leur industrie en plein soleil.

Ces premières indulgences allèchent les apôtres de la Salette. Ils font demander par l'évêque l'autorisation de célébrer l'anniversaire de l'apparition de la Salette.

La congrégation des rites concède cette nouvelle demande, mais dans des termes qui rappellent le langage tenu à Rome par les émissaires de l'évêque et qui n'est nullement conforme à celui du mandement.

Le mandement a proclamé l'apparition personnelle de la sainte Vierge sur la montagne de la Salette, le 19 septembre 1846.

L'indult de la congrégation autorise l'*anniversaire de la découverte de l'image de la mère de Dieu de la Salette*, qui avait été, disait-on, l'objet d'un pèlerinage antique.

M. Rousselot, dans son *Nouveau Sanctuaire*, page 286, appelle cet indult *une pièce décisive en faveur du fait de la Salette ;* il est au contraire une pièce décisive *contre* le fait de la Salette, tel que le mandement l'a édité.

Aussi, le pape qui n'en avait alors aucune connaissance, a-t-il voulu plus tard couper court à l'abus qu'on en faisait, en admettant à la retraite le prélat qui l'avait rédigé, et en retirant la pièce.

Toutes ces finesses transpirent à Grenoble, un livre les signale en partie, sous le titre un peu vif de : *La Salette Fallavaux ou la Vallée du Mensonge ;* l'évêque se fâche, il confie au journal l'*Univers* la mission de transmettre au monde entier sa mauvaise humeur, un *tolle* général s'ensuit. La Salette va succomber. L'évêque tient à la sauver, car il y va de son honneur. Il se résigne à la retraite, mais il veut un successeur qui s'engage à défendre, à protéger, à faire vivre son pèlerinage. Il s'adresse à M. l'abbé Dissandes de Bogenet, il est refusé, à M. l'abbé Plantier, évêque de Nîmes, il est refusé encore. Enfin, il a meilleure audience de M. Ginoulhiac, et il stipule avec lui la clause rigoureuse de la démission qu'il donne en sa faveur. Il fait plus, il l'annonce à ses chanoines et aux professeurs de son grand séminaire.

M. Ginoulhiac, qui n'a jamais cru à la Salette, qui a été au contraire son adversaire le plus acharné, de l'aveu de son archevêque Mgr Darcimolles, d'Aix (aveu fait par lui le 23 mai 1855 aux archevêques de Bordeaux et de Turin, aux évêques de Digne et de Gap, réunis à Gap, aux portes de la Salette), vient prendre possession du siége de Grenoble. Les premiers mois de son épiscopat sont calmes ; personne ne songe à inquiéter le nouveau prélat. La maladresse des apôtres de la Salette vient soulever la tempête. Un enfant perdu du clergé, M. Taulier fait une première brochure pour la Salette, un missionnaire de cette montagne en fait une deuxième, M. le vicaire-général Chambon en recommande emphatiquement une troisième par la voie des journaux. Cette triple attaque réveille les incroyants ; 54 d'entre eux publient *un Mémoire au pape sur l'affaire de la Salette.* Ce Mémoire est bientôt suivi d'un commentaire sous le titre : *La Salette devant le Pape.* Ce dernier ouvrage ne se contente pas de discuter les théories et les faits mis en avant par les pères de la Salette, il prend Mlle Lamerlière par la main, fait son histoire, et la présente au public comme la dame de l'apparition.

Cet incident coupait court au miracle, aux bénéfices provenant de la vente de l'eau de la montagne, à l'appel de fonds pour la construction du sanctuaire qui n'avait plus de raison d'être. Le nouvel évêque s'émeut de cet incident, et il publie, le 4 novembre 1854, son mandement doctrinal.

Il fait une profession de foi ambiguë sur la Salette, mais il consacre plusieurs pages à Mlle Lamerlière, traite de *fable ridicule*, *digne de risée et de raillerie*, de *fausseté manifeste* l'intervention prêtée à Mlle Lamerlière dans l'apparition du 19 septembre 1846. Il annonce, du reste, qu'il a en main une pièce judiciaire qui établit l'impossibilité matérielle de cette intervention.

Forte de ce mandement, Mlle Lamerlière assigne devant le tribunal civil le prêtre qui a joué à la Salette le mauvais tour de rapetisser ce miracle à la taille de cette demoiselle.

Ce prêtre, l'abbé Déléon, met à néant la pièce judiciaire sur laquelle l'évêque asseyait l'impossibilité que proclamait le mandement; il va plus loin, il établit, preuves en main, que les termes consacrés par l'évêque ne sont pas du tout ceux de la pièce invoquée par lui. Il maintient sous les yeux de Mlle Lamerlière, qui assiste au débat, tous les détails que nous avons lus dans les premiers entretiens, et il obtient un jugement contradictoire qui lui donne gain de cause sur tous les points, reconnaît qu'il a puisé ses renseignements *à des sources respectables;* qu'il les a produits *après un examen réfléchi*, *sans imprudence ni légèreté ;* que les actes et propos attribués à Mlle Lamerlière *sont prouvés jusqu'à l'évidence;* et enfin qu'il a pu croire user d'un droit et remplir un devoir en se livrant, *dans l'intérêt de la vérité qui est aussi celui de la religion, à l'examen critique d'un fait demeuré jusqu'alors obscur.*

Vous pensez peut-être que ce jugement a été un coup de massue pour la Salette. Détrompez-vous : ses apôtres se sont immédiatement réunis en phalange serrée. Le dimanche qui suit le jugement du tribunal, le supérieur des missionnaires de la Salette inaugure publiquement à Grenoble même une statue de la vierge de cette montagne. M. Rousselot imprime que l'évêque seul a le droit de *prononcer sur un fait de cette nature.* Les missionnaires sur la montagne, leurs confrères et affidés au dehors, disent que les juges sont des protestants, des voltairiens mal disposés pour la religion, des impies. L'évêque de Grenoble traite ce jugement de *farce.* Un chanoine de cette ville, M. Revol, plus aventureux que ses confrères, s'en prend à tous les incroyants sans distinction aucune. Il signale comme *libertins* deux chanoines nouveaux qui ne croient pas à la Salette, MM. Dupuy et Gillos ; comme *charlatan*, le métropolitain, archevêque de Lyon ; comme *arlequin*, l'évêque de Gap : comme un *homme à double face*, l'évêque de Grenoble, qui refuse d'ajouter un deuxième mandement doctrinal à celui du 4 novembre 1854, si cruellement maltraité au fond par le jugement du tribunal. Toutefois, cet évêque va fêter l'anniversaire sur la montagne même, le 19 septembre 1855, et il le fête en compagnie de Mlle Lamerlière. Cette condescendance ne suffit pas pour lui faire trouver grâce entière devant les premiers apôtres de la Salette. Leur alliance est, doit être de sa nature, essentiellement compromettante.

L'instituteur. — C'est vraiment de plus fort en plus fort, et on ne sait ce qui frappe le plus de l'excès de tant d'audace ou de l'excès de tant d'absurdités ; mais il est dans cette singulière histoire un point qui provoque naturellement notre curiosité. Les deux bergers ont grandi depuis dix ans, les moutards de la montagne sont devenus des êtres raisonnables ; sont-ils de moitié dans tout ce tripotage? Où sont-ils, que font-ils aujourd'hui ?

Théophile. — Cette partie de l'histoire de la Salette est aussi piquante que toutes les autres.

Vous vous rappelez que les deux bergers furent, dès l'apparition, placés comme pensionnaires, entre les mains de sœur Thècle, ancienne élève de Mlle Lamerlière, sous la direction de M. Mélin, curé de Corps, ancien élève lui-même de M. le curé Gerin.

Ils restèrent là quatre ans soumis à la surveillance de la religieuse et du curé. Le berger l'éludait assez fréquemment pour aller dans les auberges et cafés du village boire et jouer, assuré de l'impunité, à raison, sans doute, du besoin qu'on avait de le ménager.

Maximin, la quatrième année, alla à Ars faire l'équipée que vous savez, fut recueilli au petit séminaire de Grenoble, passa de là à la Grande-Chartreuse, puis chez les frères directeurs de Saint-Joseph de Grenoble, puis au petit séminaire de la Côte-Saint-André, puis chez un curé près Bourgoin ; puis il revint au petit séminaire de Grenoble, et comme partout, il se distingua par ses mensonges, ses jurements, sa paresse, ses propos inconvenants ; comme au petit séminaire de Grenoble, il se mit à faire les prophéties que vous savez, on finit par le confiner chez un curé près de Grenoble où il jouit d'assez de liberté pour venir à Grenoble quand il veut, hanter les cafés, *une cousine sous le bras*, fumer et boire à discrétion.

On vient tout récemment de le confier à un ordre religieux qui l'a expédié à 200 lieues de Grenoble, en attendant une destination plus lointaine encore.

Du reste, on lui a rendu la vie commode. Il a demandé à visiter Rome et Naples. — L'argent de la Salette a pourvu aux frais de son voyage. Il a demandé à visiter l'Exposition universelle de Paris. — L'argent de la Salette lui a procuré cette jouissance. Voilà pour le berger.

La bergère, au moment où son jeune ami entrait au petit séminaire de Grenoble, est venue s'abriter à Corenc dans la maison conventuelle de sœur Thècle; là elle reçut à son entrée le grand cordon de son ordre et en porta constamment les insignes suspendus à un large ruban bleu moiré. Cette décoration lui valut les attentions, le respect, le culte des maîtresses et des élèves de la communauté. Bientôt elle se mit à prophétiser ; elle prédit entr'autres excentricités que les Russes auraient envahi la France avant Pâques 1854 — que la fin du monde était proche — que l'Antechrist allait paraître — qu'il naîtrait d'un évêque et d'une carmélite — que l'Evangile avait fait son temps — que, pour en prêcher un nouveau, les apôtres allaient ressusciter. — Le mandement du 4 novembre 1854 avoue, page 20, ligne 27, cette dernière prédiction, et cet aveu est quelque chose d'énorme.

Ce qui ne l'est pas moins, c'est que ces prédictions furent prises au sérieux par M. Burnoud, supérieur des missionnaires de la Salette qui, non content de les communiquer aux missionnaires des Chartreux à Lyon, commença immédiatement sa neuvaine de préparation à la mort. La bergère fut envoyée au général des Chartreux, trois à quatre jours avant celui où elle devait prononcer ses vœux. Sa tête malade ne put, en présence de ce religieux, comprimer les pensées qui l'assiégeaient. Elle confia à ce cénobite que le démon s'acharnait à sa poursuite sous la forme d'un chat. Le jour, cet animal était constamment sur ses genoux, sur ses épaules ; la nuit, il se glissait dans son lit, lui arrachait ses draps, ses couvertures, que sais-je? Le religieux ne put se faire illusion sur la situation d'esprit de cette infortunée. Et, en présence du curé de son canton, M. Richemont, il déclara que cette fille était possédée du démon.

Au lieu de lui faire prononcer ses vœux, on se débarrassa d'elle en l'envoyant à 70 ou 80 kilomètres de là, dans une maison religieuse des sœurs de Saint-Vincent-de-Paul, à Vienne. Elle y passa quelques semaines à l'insu de tout le monde; puis un jour, à l'heure de midi, lorsque les manœuvres et les ouvriers de cette ville industrielle rentraient chez eux pour dîner, ils virent une religieuse à la fenêtre de sa chambre, qui appelait au secours, se plaignait de la captivité qu'elle subissait, demandait à grands cris qu'on vînt la délivrer, et jetait à la foule assemblée un billet sur lequel elle avait écrit ses doléances et ses réclamations.

Les religieuses se hâtèrent d'accourir, d'arracher Mélanie à sa croisée; mais la vérité s'était fait jour, et le billet, après avoir couru de main en main, fut porté à M. Rigat, curé de Vienne.

A peine la nouvelle de cette équipée eût été connue à Grenoble, que M. Burnoud, supérieur des missionnaires de la Salette, se rendit à Vienne, en ramena Mélanie, la remit à son confrère et subordonné M. Sibillat qui, malgré l'hiver, malgré les neiges qui couvraient la montagne, la confina à la Salette sous la garde d'un missionnaire, M. Denas, en la prévenant que si elle élevait encore une plainte, elle serait renvoyée... à la misère. Cette séquestration dura tant que les neiges rendirent la montagne inabordable ; puis Mélanie fut renfermée à Corenc, et enfin, au mois d'octobre 1854, elle fut exilée en Angleterre dans un couvent du Mont-Carmel, près Darlington : Et comme elle y renouvelait ses plaintes de séquestration, elle a été transférée à Stratford, dans un couvent que l'évêque anglais de Birmingham y élève en l'honneur de Notre-Dame de la Salette.

Voilà, en quelques mots, l'histoire des deux bergers.

L'instituteur. — Elle est le digne pendant de celle de Victorine Sauvet, elle va fort bien avec celle de Mlle Lamerlière ; les unes et les autres s'encadrent admirablement dans le tableau général de la Salette, qui dépasse tout ce qui a jamais été imaginé par les sibylles ou par les prêtres du paganisme ; mais une pensée se présente naturellement.

La dame de la Salette, quel que soit son nom, a fait des prédictions, — elles ne se sont point accomplies.

Victorine Sauvet, cette thaumaturge de la Salette, a fait des prédictions aussi, — elle a avoué par une déclaration, que M. Rousselot et son évêque ont rendue publique, que ces prédictions ne s'étaient pas réalisées.

Les deux bergers ont fait des prédictions à leur tour. — Le mandement doctrinal du 4 novembre 1854 avoue, non-seulement leur existence, mais encore leur énormité, qui a été telle, que le prélat s'est cru obligé de les dénoncer au gouvernement.

Ainsi, les quatre personnages qui ont fondé ou consacré la Salette, ont apposé eux-mêmes le sceau de l'erreur et du mensonge sur leur œuvre, les apôtres qui se sont mis à leur suite ont apposé le même sceau par les contradictions continuelles, les erreurs calculées, les mensonges qu'ils ont été réduits à confesser dans leurs livres. Un fait historique, qui reposerait sur des fondements aussi ruineux, serait repoussé avec une suprême pitié par toute personne sensée et honnête ; — un fait historique, toutefois, est un fait exclusivement humain. — Un fait religieux qu'on fait descendre du ciel en ligne droite, qu'on veut faire remonter jusqu'à Dieu, a-t-il donc le privilége de s'asseoir sur l'absurdité, la déloyauté et le mensonge? Peut-on l'imposer à la conscience publique contre toute évidence et toute honnêteté? Ce vers d'un poète français constitue-t-il un droit pour les privilégiés du sacerdoce :

Il est avec le ciel des accommodements?

Théophile. — Dieu a pris soin de poser lui-même une règle qu'il n'est permis à personne d'enfreindre, sans rébellion ouverte.

Sous l'ancienne loi, avant que Jésus-Christ vînt sur la terre, Dieu recourait souvent au ministère des prophètes pour faire connaître ses desseins aux Juifs; et comme de faux prophètes se levaient de temps en temps, cherchaient, par leurs prédictions, à séduire la bonne foi des Juifs, Dieu traça dans le Deutéronome, chap. XVIII, v. 21, 22, une règle qui prévînt toute surprise, et condamnât à une confusion humiliante les coupables usurpateurs de son pouvoir et de ses droits. Cette règle, la voici :

« Que si vous dites en vous-même : Comment puis-je » discerner une parole que le Seigneur n'a point dite » *d'avec celle qu'il a dite?* Voici le signe que vous aurez » pour le connaître : Si ce que le prophète a prédit au » nom du Seigneur n'arrive point, c'est une marque » que ce n'était point le Seigneur qui l'avait dit, mais » que ce prophète l'avait inventé par l'orgueil et l'enflure de son esprit. C'est pourquoi vous n'aurez aucun » respect pour ce prophète. »

A la lueur de cette règle dictée par l'Esprit saint, il est facile de répondre à votre question.

La dame de la Salette fait au nom du Seigneur une prédiction qui ne se réalise ni à la première époque qu'elle a assignée, ni à la deuxième qu'on a assignée pour elle, ni à une époque quelconque. C'est une preuve que sa prédiction ne venait pas du Seigneur, qu'elle avait été inventée primitivement, qu'elle a été modifiée, torturée plus tard par l'orgueil et l'enflure de son esprit et de celui de tous ses adhérents. — C'est pourquoi vous ne devez avoir aucun respect pour elle, aucun respect pour ses apôtres.

Victorine Sauvet prédit à son tour, les deux bergers prédisent aussi, aucune de ces prédictions ne s'accomplit; c'est une preuve que ni les unes ni les autres ne venaient du Seigneur, qu'elles ont été inventées par l'orgueil et l'enflure de l'esprit de leurs auteurs. — C'est pourquoi vous ne devez avoir aucun respect pour Victorine Sauvet, pour le berger Maximin Giraud, pour la bergère Mélanie.

Vous me direz sans doute : La Salette repose uniquement sur le respect pour le langage de la dame de la Salette, pour celui des deux bergers, pour celui même de Victorine Sauvet, et ce respect est en opposition avec l'ordre que Dieu a écrit de sa main. — Je vous répondrai : Cela est très-vrai ; mais comme personne ici-bas, pape, évêques, prêtres, n'a le droit de réformer la Parole de Dieu , plaignons du fond de l'âme ceux qui résistent à cette parole et refusent de courber leur front sous la rigueur de ses prescriptions. Ceux-là s'égarent, se perdent dans l'abîme de leur orgueil, ils détruisent l'œuvre de Dieu, ils tombent, dès lors, sous le coup de cette sentence du Deutéronome :—Vous n'aurez aucun respect pour eux.

Le moment est venu d'aborder quelques questions que vous m'avez proposées dans le cours de ces entretiens, nous le ferons à notre première réunion et nous le ferons avec plus de fruit pour tous. La matière aujourd'hui nous est suffisamment connue dans son ensemble et dans ses principaux détails.

CHAPITRE X.

Théophile examine si le miracle de la Salette sert les intérêts de la religion ou leur porte préjudice. — Dans ce but il résume sommairement les faits et les incidents incroyables de ce miracle. — Il indique comment le pape et les évêques gardent le silence devant la recette californienne de la Salette (250 à 300,000 fr. par an), devant la myriade de mensonges à l'aide desquels la pièce a été montée, devant les persécutions infligées aux victimes. — Il fait ressortir la différence immense qui distingue les pèlerinages antiques et celui de la Salette. — Son curé rappelle en quelques mots les principes, à leur aide il flétrit le culte de l'or, divinité préconçue de la Salette.

L'Eglise est un corps vivant, dont tous les fidèles répandus dans le monde sont membres sous la direction déléguée des pasteurs et des évêques, sous la direction suprême du pape. Tout membre d'un corps vivant, par là même qu'il concourt à la vie de ce corps, a le droit et le devoir de s'assurer si les conditions essentielles de cette existence sont fidèlement observées par chacun des membres avec lesquels il fait un tout ; et s'il en trouve un, plusieurs qui tentent de bouleverser ces conditions et par là-même arrêtent fatalement les progrès de cette vie commune que chaque membre peut développer, qu'aucun ne peut altérer sans se rendre coupable envers le corps entier, son droit s'agrandit avec la situation, et il accomplit un devoir en signalant le danger, en appelant le remède.

En présence de ce principe qui ne saurait être dénié, adressons-nous cette question :

Le miracle de la Salette fait-il le bien de la religion en fortifiant la vie de ce grand corps qu'on appelle l'Eglise, ou, au contraire, fait-il le mal de la religion en altérant, en affaiblissant, en ruinant la vie de ce grand corps qu'on appelle l'Eglise?

Rassemblons dans un cadre concis les faits et les incidents irrécusables qui caractérisent ce miracle contemporain ; la réponse à notre question sera plus facile, elle sera nécessairement exacte.

L'apparition a lieu le 19 septembre 1846.

Elle a lieu entre une dame à costume bizarre, à langage français, puis patois, puis français encore, à deux petits pastoureaux de la montagne, très-ignorants et très-misérables.

Ce langage renferme une prédiction déterminée par une date, par un évènement, puis un secret.

Dès le lendemain, les deux bergers sont réunis dans une école, sous la tutelle d'une religieuse et de son curé.

Le miracle est prêché immédiatement dans l'église de la Salette par le curé du lieu, dans l'église du couvent de Corenc, par l'évêque de Grenoble. — La dame de l'apparition n'est autre que la sainte Vierge.

Quatre cents religieuses sèment le miracle dans toutes les communes du diocèse, et elles le sèment sur la foi de leur évêque. Des prêtres se rendent sur les lieux, confèrent avec les bergers, consignent leur langage sur des lettres qu'ils transmettent à l'évêché. Le curé qui dirige l'instruction des bergers, publie à Toulouse une relation de l'évènement. En quelques jours la grande nouvelle est portée partout.

Deux mois et demi après l'apparition, deux commissions de théologiens sont consultées; elles prononcent leur jugement. — Le miracle, tel quel, n'est pas de bon aloi.

En avril 1847, un curé de Grenoble exprime à un vicaire-général de cette ville le regret que la Salette n'ait pas été agréée par les deux commissions de théologiens. — Ce miracle aurait été une mine dont les produits auraient soldé les dettes du vicaire-général, que le curé et les chanoines avaient été obligés de cautionner.

En mai 1847, le curé qui dirige l'instruction des bergers et refait leurs souvenirs de la montagne, écrit à l'évêché de Grenoble : — Les souvenirs perfectionnés des enfants élargissent le cercle des évènements prédits par la dame de la Salette et prolongent le délai fatal qui était arrivé, qui n'avait rien produit.

En juillet 1847, le vicaire-général, le plus personnellement intéressé à l'exploitation de la mine de la Salette, s'adjoint un de ses confrères; l'un et l'autre vont, sans mot dire, chercher au loin des miracles dus à l'eau de la montagne *bénie* ou à l'invocation de la dame de la Salette.

L'anniversaire de l'apparition est célébré sur la montagne le 19 septembre 1847. Les héros de la fête sont le vicaire-général, quêteur de miracles, le curé, auteur du conseil du mois d'avril, le curé qui dirige l'instruction des bergers, les bergers, la religieuse chez laquelle ils demeurent en permanence.

Le culte continue tous les jours sur la montagne; un prêtre est envoyé à cet effet. — On commence par nier cet envoi; plus tard on est obligé de l'avouer. Dénégations et aveux sont consignés dans des livres dus à la plume des apôtres de la Salette.

En novembre 1847, une nouvelle commission de théologiens est nommée pour statuer sur le miracle. — La majorité se compose des prêtres cautions du vicaire-général, dont le miracle soldera les dettes.

On interroge les enfants, dont l'un n'a pas l'âge requis par les canons de l'Eglise ; — on lui octroie, par le fait, dispense d'âge ; dont l'autre ne saurait déposer validement, car il est seul, et les canons de l'Eglise en requièrent au moins deux, âgés de 14 ans accomplis ; — on le dispense de l'exigence de ce canon et de plus on dispense les deux bergers du serment qui est impérieusement requis par les mêmes canons.

On interroge la religieuse et le curé qui font l'éducation des deux enfants ; — on les dispense également du serment.

On enregistre, comme très-réelles, très-positives, jusqu'à 21 guérisons miraculeuses obtenues par l'intercession de la dame de la Salette ou par l'eau de sa fontaine. — Et de toutes ces guérisons, il n'en est pas une seule dont on ait pu, plus tard, articuler la moindre preuve. Toutes ont été niées par les évêques des diocèses respectifs.

On dénature le langage de la dame aux deux bergers, — et on affirme au monde entier, par une déclaration imprimée, qu'on ne le dénature pas. On enlève la date de sa prédiction — et on affirme que cette date n'a jamais existé. On élargit le cercle de cette prédiction, — et on prétend qu'on ne l'élargit pas.

Les faits et les paroles qu'on prête à la dame sont absurdes, impies, en opposition formelle avec la doctrine de l'Evangile, — et on décide que faits et paroles lui sont inspirés par le ciel.

Enfin, on pose en principe que, probabilité et certitude sont de la même famille ; — et sur ce principe réprouvé par tous les siècles et tous les hommes, on proclame le miracle de la Salette.

On imprime que l'eau de la montague guérit tous les maux, qu'elle convertit le pécheur auquel on en fait avaler une goutte contre son gré, qu'elle opère même indépendamment de la foi. En d'autres termes, on renverse d'un trait de plume toute l'économie de la religion de Jésus-Christ, — l'alliance de la foi et des œuvres.

Pour assurer le succès du miracle, on organise un laboratoire dont les fourneaux laissent échapper, à des époques prédites par avance, des guérisons miraculeuses. Le curé qui refait l'éducation des deux bergers, le vicaire-général qui exploite la Salette, sont les deux alchimistes de ce travail mystérieux, ils ont l'imprudence d'égarer les preuves de leur œuvre commune, ces preuves deviennent publiques.

En 1850, le berger se laisse enlever, on le conduit à Ars, auprès d'un saint prêtre, — il lui avoue qu'il n'a pas vu la sainte Vierge à la Salette.

Un historien de la Salette se hâte de le recueillir et de le placer à l'école sous un nom supposé, — puis on le ramène à Grenoble et on le met au petit séminaire, en le prévenant que s'il revient à la faute qu'il a commise à Ars, c'en est fait de son avenir.

Cependant le curé auteur du conseil d'avril 1847, et les deux prêtres alchimistes des guérisons miraculeuses, vont à Ars pour séduire le curé. — Ils ne réussissent pas; on lui fait fermer la bouche par son évêque — et on le dépièce dans des brochures et dans des journaux.

Le métropolitain vient à Grenoble, délégué par le pape, pour recueillir le secret de la dame aux bergers. — On paralyse sa mission en expédiant le secret à Rome par l'entremise des deux prêtres qui ont ressuscité la Salette; et on lui cache cette supercherie, à l'aide d'un mensonge.

Les émissaires reviennent de Rome, ils assurent que

les secrets ont fait sur le pape une profonde impression religieuse. — Et le pape les a repoussés jusque dans ses papiers sales, parce que ces secrets sont *un monde de stupidités*. — Ils affirment que le pape est très-sympathique au miracle. — Et le pape qualifie la Salette : *une affaire détestable.*

Le 19 septembre 1851, le miracle de la Salette est décrété par un mandement doctrinal ; ce mandement est concerté avec les chanoines. — Toutes ses affirmations sont des erreurs. La plupart d'entre elles sont avouées le 4 novembre 1854, par un deuxième mandement doctrinal, également concerté avec les chanoines. — Ce deuxième mandement, soit dit en passant, est publié sous la rèsponsabilité d'un nouvel évêque, qui ne croit pas au miracle, mais qui s'est engagé à le défendre. Il a recueilli, à ce titre, l'héritage de l'évêché de Grenoble, repoussé par d'autres prêtres, notamment par MM. Dissandes de Bogenet et Plantier.

Les prêtres qui hésitent à croire sont honnis, pourchassés, interdits. Les prêtres les plus faciles et les plus dévoués reçoivent, en récompense, honneurs, titres, positions lucratives.

Une discussion s'engage, Mlle Lamerlière est signalée comme la dame de l'apparition.

— Mais la religieuse qui a pris les enfants avec elle, dès le lendemain de l'apparition, est une élève de Mlle Lamerlière, comme Mlle Lamerlière est elle-même une élève du vicaire-général qui a le plus exploité la Salette, et qui a trouvé dans cette exploitation le moyen de solder ses dettes et d'affranchir ses cautions, comme le curé qui a fait les souvenirs des bergers à Corps, qui a écrit la lettre novatrice de mai 1847, qui a organisé l'officine à miracles est lui-même l'ancien vicaire du curé qui a réveillé la Salette. Tout cela se passe en famille.

Le mandement du 4 novembre 1854 signale à la pitié publique la fable qui attribue à Mlle Lamerlière l'apparition de la Salette. Celle-ci poursuit devant les tribunaux civils les auteurs qui l'ont mise en scène.

— Le 2 mai 1855, un jugement contradictoire donne gain de cause à ces auteurs. Le mandement s'est trompé, ce qu'il signale comme une fable est une vérité, Mlle Lamerlière est la dame de la Salette.

On déclare que ce jugement est une farce, que les juges sont des voltairiens et des impies, que les prêtres incroyants sont des libertins ou des indifférents, que l'archevêque métropolitain est un charlatan, ses collègues, aussi peu croyants que lui, des arlequins ; on va en avant comme par le passé.

Pour ne pas être troublé à l'avenir par les indiscrétions des deux bergers, on se débarrasse de Mélanie, que l'on a déjà été obligé de séquestrer dans le temps, et on l'expédie en Angleterre. On se débarrasse de Maximin, qui a été l'enfant terrible, et on le confie à un ordre religieux dont les maisons sont dispersées dans le monde entier.

Ainsi la Salette, ressuscitée pour se procurer de l'or, paie les dettes du vicaire-général débiteur ; affranchit des rigueurs de leur signature les chanoines et curés cautions de ce débiteur et juges de la Salette en commission de théologiens ; enrichit le curé qui fait l'instruction des bergers à Corps ; enrichit les missionnaires et le diocèse ; ménage chaque année une perception de 250 à 300 mille francs ; et pour ne pas laisser compromettre ce résultat magique, on n'a pas hésité à accumuler pendant dix ans entiers, mensonges sur mensonges, et à les buriner dans des ouvrages qui ne peuvent plus périr.

Voilà sommairement la Salette, ses phases diverses, ses acteurs, ses succès, son but. On ne craint pas de se tromper en assurant que jamais, à aucune époque, une pièce destinée au public n'a été aussi maladroitement montée. Il n'est pas une de ses ficelles qui ne soit à jour.

Quel bien la religion peut-elle retirer de cette innovation ? assurément aucun. Car Dieu est vérité, il veut être adoré en esprit et en vérité, et la vérité ne peut jamais être le couronnement d'une myriade d'erreurs et de mensonges.

L'instituteur. — On conçoit difficilement qu'un évêque persiste, par amour-propre, dans une décision hasardée, que tant de subterfuges et de mensonges caractérisent suffisamment; on ne conçoit pas davantage qu'un successeur, *de son choix*, hésite, dans de semblables conditions, à proclamer la vérité vraie. Mais ce qu'on ne conçoit pas du tout, c'est le silence du pape dont on usurpe le nom pour le rendre solidaire d'une erreur ; du métropolitain dont on s'est joué; des évêques dont on connaît l'opposition à la Salette. Comment expliquer un silence aussi général, aussi dangereux pour la religion, aussi inconciliable avec les devoirs de la conscience?

Théophile. — Je ne connais qu'une explication plausible. On tient à ménager un évêque nonagénaire, des chanoines, des curés qui se sont lancés témérairement dans cette nouveauté : on craint, en se prononçant publiquement, d'éveiller l'attention sur le principe d'autorité, de le dépouiller de son apparence d'infaillibilité, d'apprendre au monde entier que dans des décisions de cette nature, un évêque est sujet à se tromper comme un simple fidèle, et il faut bien l'avouer, ces conséquences ne seraient pas sans inconvénient.

L'instituteur. — Je le reconnais avec vous, mais la situation n'est pas simple, et cette situation a été faite par les apôtres de la Salette.

Chaque année ils perçoivent 250 à 300,000 francs, provenant de la vente de leurs livres si peu véridiques que les premiers sont démentis par les derniers, de la vente de leurs statues et images, de leur eau *merveilleuse*, des dons qu'ils ont sollicités sur la foi de l'apparition de la sainte Vierge. Puisque Mlle Lamerlière est la vierge de la Salette, toutes ces recettes sont peu moralcs, elles enrichissent les négociants d'une marchandise frauduleuse. Cet inconvénient n'est-il pas plus grave que celui que vous indiquiez tout-à-l'heure ? En d'autres termes, la déférence due à un évêque est-elle telle que pape, archevêques, évêques, prêtres, doivent laisser sacrifier les principes les plus sacrés de la justice et de la saine morale?

D'un autre côté, vous avez signalé par centaines les mensonges auxquels on a été poussé fatalement. Cette déférence pour un évêque va-t-elle jusqu'à légitimer ces mensonges? Car si elle ne va pas jusque-là, le silence de l'épiscopat et du pape ne peuvent se comprendre.

En troisième lieu, la Salette a eu ses victimes, elle a eu ses favoris; mais les victimes ont un droit sacré à une réparation. Cette réparation est rendue plus difficile par le silence de l'épiscopat. La déférence pour un évêque doit-elle aussi l'emporter sur tous les principes de justice et de moralité?

Enfin, car je veux m'attacher aux points les plus essentiels, quand nous voyons le miracle de la Salette, son pèlerinage et ses riches recettes maintenues de nos jours malgré la discussion publique qui en a fait ressortir les erreurs, les mensonges, les moyens, on peut dire déshonnêtes, le but mercantile, quel degré de confiance devons-nous avoir dans le principe d'autorité coupable de tant de fautes calculées? Quel degré de croyance pouvons-nous accorder aux pèlerinages antiques qui nous entourent? Ont-ils eu une origine plus pure? Sont-ils de la même famille? Le scepticisme, sur tous, sans exception, n'est-il pas la conséquence fatale du silence que l'épiscopat observe par rapport à la Salette?

Théophile. — Les questions que vous adressez sont tres-sérieuses ; je vais répondre à chacune d'elles.

1° La recette annuelle opérée par la vente de l'eau de la Salette est le côté mauvais, le plus mauvais, car il est de tous les instants et il dure toujours. Tenez pour certain que ce côté est entièrement inconnu du pape, qu'il l'est également des évêques. Ni pape, ni évêques ne prêteraient la main à une recette californienne, qui excède peut-être aujourd'hui deux millions et qui n'a pas même à se retrancher derrière un titre coloré.

Je sais bien que la condamnation de la Salette imposerait l'obligation de restituer, jusqu'à la dernière obole, toutes les sommes reçues pour la vente de l'eau, des livres, des statues, pour la construction du sanctuaire en l'honneur d'une apparition qui n'existe pas; mais l'enseignement de l'Evangile est si précis, si positif, si textuel, que pape et évêques, sur le seul soupçon de cet abus étrange, ne pourraient le tolérer par leur silence qu'en reniant l'Evangile. Qui oserait s'arrêter à cette pensée blasphématoire ? Ils ne réprouvent pas publiquement, donc ils ignorent.

2° La même ignorance peut seule couvrir leur silence sur les mensonges accumulés avec tant de luxe par les apôtres de la Salette. Imaginez-vous bien qu'il n'est peut-être pas un évêque qui ait lu un seul ouvrage sur cette matière triturée hors de son diocèse, et par là même en dehors de sa juridiction. Quant au pape, son secrétaire, Mgr Fioramonti, a écrit lui-même que le pape n'avait rien lu, ne connaissait rien, pas même les mandements qui proclament l'apparition réelle de la sainte Vierge le 19 septembre 1846, pendant qu'on ne lui a annoncé que la découverte, ce jour-là, d'une ancienne image de la Vierge, par deux bergers de la Salette.

3° Sur la troisième question, les favoris de la Salette jouissent des priviléges qui ont récompensé leur facile condescendance. Quant aux victimes, elles ont accompli un devoir de conscience ; on est fort quand on a eu assez de courage pour cela, et la satisfaction qu'on ressent dédommage amplement des épreuves qu'on subit. Mais, soyez assuré que s'il plaisait à l'une d'elles d'en appeller au pape, justice lui serait rendue nonobstant tous les ressorts qu'on voudrait faire jouer contre elle.

Enfin, les pèlerinages antiques qui nous entourent ont sur celui de la Salette le double avantage de ne pas trafiquer d'une eau merveilleuse, et d'avoir pour eux la consécration du temps. Ces deux avantages sont très-importants : le premier éloigne toute idée d'une spéculation préconçue ; le deuxième commande le respect par son âge, et lorsque, fouillant dans les histoires locales, dans les chroniques du temps, on ne trouve pas une seule attaque dirigée contre eux, on aurait tort de les assimiler à la Salette. Ce tort serait d'autant plus grand, qu'aucun d'eux n'a été imposé sous peine d'excommunication ; qu'on peut y croire ou ne pas y croire, sans que jamais un évêque élève la voix pour tenter de rendre cette croyance obligatoire. La Salette, qui avait beaucoup à cacher, a cherché son salut dans la protection absolue, abusive de l'autorité locale, elle y a trouvé sa ruine morale. Une action téméraire a provoqué une réaction vive, mais essentiellement catholique et loyale, et quoi qu'il arrive de la Salette matériellement, la religion la repousse et les principes la condamnent : ils la condamnent à ce point — qu'il est loisible à qui que ce soit d'élever, partout où bon lui semble, un sanctuaire à la sainte Vierge ; la montagne de la Salette est à jamais exclue de ce droit universel. On a menti à l'univers entier pour pouvoir, aux dépens de l'univers, s'enrichir en asseyant le sanctuaire de la Salette sur une apparition inventée, l'univers a répondu à cet appel par sa bourse et par sa croyance ; cette croyance est une erreur, le sanctuaire la perpétuerait, et l'Eglise, en le tolérant, manquerait à sa destinée. — L'exploitation de la bourse publique se poursuit par un commerce frauduleux, l'Eglise, en la tolérant par la construction du sanctuaire de la Salette, déchirerait une page de l'Evangile. — Voilà la rigueur des principes, et cette rigueur frappe l'Eglise plus encore qu'elle ne frappe un simple fidèle.

A ces premières différences joignons-en encore une. La plupart des anciens pèlerinages qui se sont tous élevés sans bruit, ont commencé sous le pontificat d'évêques dont le nom seul est une garantie contre toute surprise ; qui oserait dire qu'en France les Cheverus, les Fénelon, les Bossuet, auraient abaissé la grandeur de leur caractère jusqu'à composer avec l'erreur ? En remontant à des temps plus reculés, qui oserait mettre en suspicion les Hincmar, les Remy et le grand saint Martin qui détruisait de ses mains un pèlerinage antique, accepté par tous les fidèles, autorisé par ses prédécesseurs, mais fondé sur une erreur ? Jamais ces hommes distingués n'eussent transigé avec la vérité, et tout pèlerinage qui remonte à une époque reculée puise, dans son ancienneté même, sinon le droit absolu à être accepté aveuglément, du moins le droit rigoureux de ne pas être confondu avec celui de la Salette. — Vous me demandez incidemment quel degré de confiance nous devons avoir dans le principe d'autorité coupable de toutes les fautes calculées de la Salette. Ma réponse est facile. Le principe d'autorité n'est pas en jeu dans cette affaire, c'est par abus que l'évêque de Grenoble le prétend, c'est par calcul et pour conserver leur pain de chaque jour que les prêtres de ce diocèse, incroyants à la Salette, descendent à cet excès d'immoralité, de prêcher, d'annoncer publiquement cette fête à laquelle ils ne croient pas. Le principe d'autorité s'applique aux points de foi, à la discipline générale, au culte, aux mœurs. Il ne s'applique aux faits, de la nature de celui de la Salette, que lorsque toutes les conditions imposées par le concile de Trente et rappelées dans notre premier entretien ont été strictement observées ; car alors il y a unité de discipline par rapport à un fait libre. Mais aucune de ces conditions n'a été observée pour la Salette ; on a ri au nez du métropolitain ; on a menti au pape pour surprendre une approbation qu'il a refusée ; on a, par cette double révolte, organisé l'anarchie au lieu de constituer l'unité. Aussi, le principe d'autorité est-il complètement en dehors de la Salette. Les ignorants et les fanatiques sont les seuls qui puissent s'y tromper.

L'instituteur. — Il suit de tout cela que nous devons regretter aujourd'hui de ne pas voir à la tête d'un diocèse de la France un Bossuet, un Fénelon, un Cheverus, un Martin ; il est plus que probable qu'à leurs yeux aucun ménagement ne serait de nature à suspendre leurs réclamations pour que la Salette fût soumise à l'examen d'un concile, d'un délégué du pape, du pape. Elle trouverait, chose qui serait un bien immense, son arrêt de proscription dans le jugement qui serait rendu, Dieu reprendrait sa prééminence usurpée, depuis dix ans, par les inventeurs de la Salette ; la religion, au lieu de tourner à l'exploitation, continuerait à être l'expression exacte des rapports qui lient l'homme à Dieu ; la morale publique reconquerrait tous ses droits ; l'or, enfin, cesserait d'être divinisé sur cette montagne de l'illusion, de l'intrigue et du mensonge.

C'est à ce moment que le bon curé de la paroisse,

auditeur de Théophile, s'avance vers lui, l'embrasse, le remercie avec effusion, et clot cette série d'entretiens, en rappelant à ses paroissiens que la Salette fût-elle, chose impossible! décrétée plus tard par un concile, par le pape, elle n'en resterait pas moins dans la catégorie des faits dont la croyance n'est jamais obligatoire;—principe d'autant plus consolant, ajoute-t-il, que l'argent joue un trop grand rôle dans cette malheureuse apparition, et dès lors dégrade, déshonore la gravité, la noblesse, la grandeur du culte catholique, — comme les mensonges dont il a entendu la triste énumération se sont joués fatalement de la vérité, c'est-à-dire, de Dieu, car Dieu est la vérité, il veut être adoré en esprit et en vérité; et malheur, mille fois malheur, à celui qui assied ou qui se prête à asseoir une parcelle de son culte sur le mensonge! Celui-là se rend coupable d'une effrayante immoralité, en enseignant comme vrai ce qu'il sait être faux, en pervertissant les consciences au lieu de les former pour Dieu, en se faisant l'apôtre de l'erreur, au lieu de rester l'apôtre de l'Evangile, en s'écartant, en éloignant les autres de cette règle, la seule digne des vrais disciples de Jésus-Christ : « Seigneur, ordonnez ce que vous voudrez; donnez-moi de ne vouloir et de ne pratiquer jamais que ce que vous voudrez. »

Ici se terminent les entretiens de Théophile sur le miracle de la Salette; en les reproduisant, je fais acte de conscience, et je ramène la religion à ses véritables principes. Saint Paul a écrit aux Corinthiens, épître Ire, chapitre III, v. 11 : « Personne ne peut poser d'autre » fondement que celui qui a été mis, qui est Jésus- » Christ. » La Salette et sa doctrine en posent un autre. Avec saint Paul encore je répète, tous les vrais chrétiens répèteront, comme moi : Anathème à la Salette!

FIN.

TABLE DES MATIÈRES.

CHAPITRE PREMIER.

CHAPITRE II.

CHAPITRE III.

CHAPITRE IV.

CHAPITRE V.

CHAPITRE VI.

CHAPITRE VII.

CHAPITRE VIII.

CHAPITRE IX.

CHAPITRE X.

FIN DE LA TABLE.

Abbeville. — Imp. T. Jeunet, rue Saint-Gilles, 106.

www.ingramcontent.com/pod-product-compliance
Ingram Content Group UK Ltd.
Pitfield, Milton Keynes, MK11 3LW, UK
UKHW022112190726
13855UKWH00002B/812

9 782013 033985